PriPri プリたんBooks

0 1 2 歳児の 手作りおもちゃ

今井和子／監修

アイデアいっぱい！
85プラン

Contents

Part 1 手指の発達を促すおもちゃ

Part 2 好奇心・探究心をはぐくむおもちゃ

Part 3 体を動かすおもちゃ

Part 4 みたて・ごっこあそび

Part 5 表現力をはぐくむおもちゃ

はじめに

手作りおもちゃで保育者と子どもがともにあそびを創り上げる喜びを

私が手作りおもちゃを考え、創るようになったのは、0・1・2歳児の子どもたちの探索活動、即ち彼らの「いたずら」に悩まされるようになったからです。室内のティッシュペーパーを次々取り出してしまう子の、それも〝こんなにうれしいことはない〟といった表情で……真剣かつ集中してやり続ける姿、そして散歩に出かけると雨水が流れる排水口の小さな穴を〝あっ〟と目ざとく見つけて走りより、自分の指や手を突っ込んでみたり、石ころや葉っぱをそこに入れてみたり……。「一体何がおもしろいのかしら？」と見ていくうちに、この時期の子どものいたずらは〝おとなを困らせてやろう〟と意図的にするものではなく、興味あるもの、目新しいもの、何だろう？と好奇心がわいたものに対して、触ったり、動かしたり、いろいろな手ごたえを味わいながら、そのものの性質や仕組みなどを学びとるだいじな探索行動なのだと理解できるようになったのですが……だからといって、「いいよ、いいよ、やりたかったら存分にやってね」と言えない現実があり、困ってしまったわけです。

そこで彼らの行為（あそび）のおもしろさは何か？をつかみ、それに応える遊具や環境を創ることによって彼らが関心を持ったことをやめさせるのでなく、代わりのモノで存分に楽しめるようになるはずと考え、子どもたちの喜ぶ顔を想い浮かべながら創りはじめました。できあがった遊具で子どもたちがうれしそうに、ときには黙々とあそぶ姿を見ていると、（例えば「引っぱり出す布はもっともっと長くしたほうがおもしろいかも……」「引っぱり出すときの手ごたえ、布地がつるつるしていたりごわごわしていたりなどの変化があると驚くだろうな……」など）いろいろなアイデアが浮かんできました。「子どもたちのあそびを興味深く見る⇒創る⇒修正する⇒さらに発展したものを考える」と、いつもワクワクした気持ちで子どもたちといっしょに創り上げていく喜びを味わうことができました。手作りおもちゃは、子どもたちが今、必要としているものを提示していくという意味では最も、「応答的な環境づくりの一端」と言えるのかもしれません。

『PriPri』に4年間連載した手作りおもちゃのなかには、園内研修の折に見せていただいたいろいろな園のすばらしいおもちゃや遊具も紹介させていただきました。ご協力いただき、ほんとうにありがとうございました。

今井和子
いまい かずこ

二十数年間、世田谷と川崎の公立保育園で保育士として勤務。その後、お茶の水女子大学などの非常勤講師を経て東京成徳大学、立教女学院短期大学教授を務め、現在「子どもとことば研究会」代表。全国の保育者研修で講演などを行っている。

WHAT'S NOT TO LOVE?
babyGap

0歳 発達の見通しとあそびの

子どもの発達の道すじの目安を理解し、成長に合わせてあそびの援助をしましょう。

	0歳～2か月	3～4か月	5～6か月
運動機能の発達	●あおむけの姿勢 ●うつぶせの姿勢 ●声のする方を見る（目と耳の協応のはじまり）	●首がすわる ●手足の伸展	●寝返り ●支えられて座る ●足と足を合わせたり、手で足を持ったりしてあそぶ
手指操作の発達	●両手を軽く握っている	●手が開いてくる ●手をなめる ●自分から手を伸ばし見た物をつかもうとする（目と手の協応のはじまり）	●手のひらがもみじのように開く ●手と手を合わせる（両手の協応のはじまり）
心とことばの育ち	●目の前にきたものを見つめる	●喃語（なんご）を話しはじめる ●目でものを追うようになり（追視）五感で刺激を受ける	
あそびと援助	●見る・聞く・触れるなど、五感を刺激するおもちゃであそぶ ●吊すおもちゃを見る ●音の出るおもちゃを見る 援助 あやす・スキンシップをとる	●握る・振る・触るおもちゃであそぶ ●おはしゃぎあそび ●ガラガラを握る	●リズミカルな歌やあそび・わらべうた・ふれあいあそびを好む ●つかんだ物をなめる探索活動 ●寝返りを促すあそび ! 危険なものを目の触れるところに置かない

援助 保育上の援助のポイント　! 注意点

ポイント

０歳児は運動機能や手指操作などの発達の著しいときです。ここちよいスキンシップと感覚で五感に働きかけるおもちゃで成長を促しましょう。

7～8か月	9～10か月	11～12か月
●おなかを中心に方向転換する ●ずりばい ●お座りで両手が自由になる ●支えられて立つ	●はいはい ●つかまり立ち	●高ばい ●伝い歩き ●片手支え歩き
●自ら手を出して物をつかむ ●物を一方の手からもう一方の手に持ちかえる ●握った物を落としたり投げたりする	●親指とひとさし指で物をつまむ ●両手に物を持ち、打ち合わせてあそぶ	●小さな物を指先でつまむ（ピンチ把握） ●指さしがさかんになる
●物を探す力がついてくる ●音楽に合わせて体を動かす ●人見知りがはじまる	●指さしでおとなと気持ちを通わせる ●人見知り、後追いが激しくなる	●おとなの身振りをまねたりことば（喃語）のやりとりあそびをする
●つかむ・引っぱる・出し入れする・持ちかえる・握るなど、手指を使って物をつかむようなおもちゃであそぶ ●いないいないばあを好む ●ボールを転がしてあそぶ **援助** 子どもの興味に合わせて探索活動を助長し、発達に合わせて運動が十分にできるよう安全で活動しやすい環境づくりをする	●模倣あそびが活発になる **援助** 物や行動にことばを添えて子どもに話しかける ●ふれあいあそび、手あそびをしてリズムにのって楽しむ **援助** いろいろな物に触れ、感触や音、大きさ、形などを味わえるようにする ！ 誤飲事故に注意する	●物を落としたり出し入れしたりするあそびを好む **援助** 十分な運動ができるように広い場所を用意 ！ 歩きはじめはバランスを崩しやすいので危険がないように見守る

※ 年齢・月齢はおおむねの目安です。

1歳 発達の見通しとあそびの

子どもの発達の道すじの目安を理解し、成長に合わせてあそびの援助をしましょう。

1歳 前半

運動機能の発達

- ひとりで立てるようになる
- ひとりで歩けるようになる
- よつんばいで階段を上る
- ボールを転がし追いかける

手指操作の発達

- 指先に力を集中できるようになる
- 積み木などを打ち合わせたり積んだりする
- 引っぱり出したり、入れたりを好んでする
- 錯画（なぐり描きをする）

心とことばの育ち

- 一語文を話す
- おとなのまねをしたがる
- 戸外に出ることを好み、自然・乗り物・動物などに興味を示す
- ものに名前があることや自分に名前があることを理解し、さかんにものの名前を聞く
- ことばの数が増えてくる
- 自分でしたいという気持ちが芽ばえる
- 「ちょうだい」「ありがとう」などやりとりを楽しむ

あそびと援助

- 出したり入れたりするあそび
- 周りの環境への探索活動が活発になる

援助 子どもとのやりとりを楽しみながら、発話を引き出すあそびをする

- 砂あそび
- 紙をやぶってあそぶ
- 水あそび
- 車のおもちゃを動かしてあそぶ

援助 発達に合わせて一人ひとりが活動を楽しめるよう安全な環境を整える

援助 保育上の援助のポイント　! 注意点

ポイント

1歳になると自分で好きなところに歩いて行くことができるようになります。いっそう探索活動がさかんになり、周囲の環境や友だちへの関心が高まります。また自立心が芽ばえるとき。子どもの「やりたい」を大切に援助しましょう。

後　半

- 安定して歩くようになる
- しゃがむ
- 階段を1段ずつ上る
- 行ったり戻ったり、方向転換をして移動できる
- 台の上から飛び降りる
- かに歩き

- スプーンを使って食べるなど、道具を使いはじめる
- 「どれ?」などとたずねると指をさす（可逆の指さし）
- 積み木を3つ以上積む
- 円錯画（ぐるぐる描き）を描く

- 行動の意味をことばにする
- 友だちの行動に関心を示し、ものの取り合いやかかわりが活発になる
- 自我が芽ばえ、「いや」「だめ」など拒否のことばをさかんに発する（自己主張のはじまり）
- 二語文を話しはじめる

- 保育者が追いかけるあそび（まてまてあそび）
- 保育者と簡単な歌をうたったり、リズムに合わせて体を動かせるあそび

援助　保育者が仲立ちしながら、友だちといっしょの楽しさを味わう

- 食事を作る、食べる、寝るといった、生活の動作を再現してあそぶ
- わらべうたの動作やふりをまねてあそぶ

! 動きが活発になるので、高いところから落ちたり、危険なことをしないよう見守る

※ 年齢・月齢はおおむねの目安です。

2歳 発達の見通しとあそびの

子どもの発達の道すじの目安を理解し、成長に合わせてあそびの援助をしましょう。

2歳 前半

運動機能の発達

- 自在に歩いたり走ったり、飛び跳ねたり平衡を保持する能力が育つ
- 転ぶことなくじょうずに歩ける
- 足を交互に出して階段を上り下りできる
- ボールを転がしたり追いかけたり蹴ったりする
- すべり台の階段を上り、前向きに座ってすべりおりることができる

手指操作の発達

- 両手にシャベルやカップを持ってあそぶ
- おとなが作った積み木のトラックやトンネルを見て作ろうとする
- ボタンをはめたり、ホックをかけたりする
- びんのふたをまわせる
- 曲線や円が描け、粘土をこねたりちぎったり、指先の動きが細かくなってくる

心とことばの育ち

- イメージを組み合わせて自分なりに表現できるようになる
- 粘土で作った形を意味づける（みたてることができる）
- 二語文を話す
- 物の大きさ、色への関心が育つ
- 身近な生き物に興味を示し、触ったりする
- 物に対する所有の概念が生まれる
- 「自分でしたい」という気持ちが強くなり、自立心が高まる
- 時間の流れが理解できるようになる

あそびと援助

- 全身を使ったあそび
- みたて・ごっこあそびがさかんになる

援助 子どものイメージを引き出したり、広げたりする声かけをする

- 押してもらいブランコに乗る
- 友だちとかかわりながらいっしょにあそぶ

援助 子どもどうしのコミュニケーションを見守りながら、必要なときは仲立ちする

- 三輪車など遊具に興味を示し、乗ってあそぶ
- リズムあそびを楽しむ

援助 保育上の援助のポイント

ポイント

2歳児は、道具を使って手指を器用に動かすなど、複雑な運動ができるようになります。また、イメージ表現が活発になり、社会性が高まる時期なので、みんなでいっしょにコミュニケーションをとりながらあそぶ喜びを味わいましょう。

後　半

- 走る（走ること自体を楽しむ）
- その場で両足跳びができる
- 片足立ちができる
- ブランコを自分でこぐ

- スプーンやフォークがじょうずに使えるようになる
- はさみで1回切りができる
- クレヨン・はしなど生活に密着した道具を使って自分のしたいことができるようになる

- 話しことばが広がり、三語文や多語文を話す
- 丸を描き、「これ、ママ」などと意味を持たせることができるようになる
- 「大きい」「小さい」など2つの物の比較ができるようになる（対位概念）
- 質問をさかんにするようになる
- 自尊心が育つ
- 理解してもらえればがまんできる（自立の芽ばえ）
- 着替えや排泄（はいせつ）など、生活面での自立

- 紙などのさまざまな素材に触れ、はさみやのりの使い方に親しむあそび
- 作ってあそぶ

援助 道具を使うあそびで指先の巧緻性（こうちせい）を高める

- みんなであそびを楽しむことができる
- 砂や土、小麦粉粘土で団子やプリンを作る
- 歌いながら動作をまねるわらべうたあそび

- 乗り物ごっこ・買い物ごっこ・お医者さんごっこなどごっこあそびのバリエーションが広がる

- おおかみになって追いかけるなど、つもりのある追いかけっこやかくれんぼ

※ 年齢·月齢はおおむねの目安です。

この本の見方

本書では、おもちゃの特徴やねらい、作り方、素材をわかりやすく掲載しています。また、あそび方や、実際におもちゃであそんだときに見られた子どものようすも紹介しています。

インデックス

テーマごとに５つに分けたインデックスで、目的に合ったおもちゃを見つけやすくしています。

あそびのテーマ

どんなあそびかわかりやすいよう、テーマで分類しています。

対象年齢

あそびを楽しむことのできるおおよその年齢です。実際の子どもの姿や成長に合わせ、目安として参考にしてください。

おもちゃの名前

紹介するおもちゃの名前です。

おもちゃの内容・ねらい

どんなあそび方ができるおもちゃか、またあそびのねらいをわかりやすく解説します。

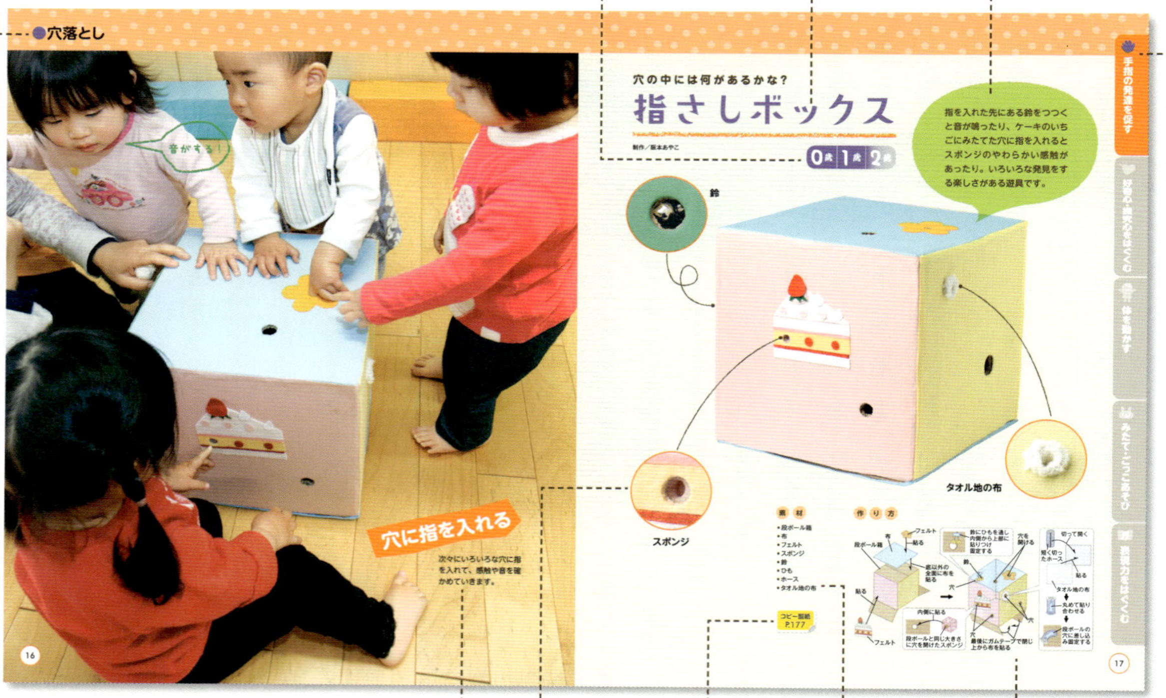

あそび方

保育の参考になるように、あそびの楽しみ方や流れ、あそびのなかで見られた子どもの姿を紹介しています。

おもちゃの特徴

おもちゃの特徴や部分・構造をわかりやすく解説しています。

このマークがついている作品は、巻末の該当ページにコピー型紙があります。

素材

おもちゃの製作に必要な素材です。

作り方

おもちゃの作り方をイラストで紹介しています。

Part 1

手指の発達を促すおもちゃ

手指操作の発達段階に合わせておもちゃを用意しましょう。
楽しくあそびながら、子どもが自らの手を使える喜びを
味わうことができます。

未知へのワクワク感が
子どもを引きつける穴の魅力

穴落とし

子どもたちは穴という穴に物を入れる（落とす）ことが大好きです。物がどのように落ちていくか、穴の中はどうなっているかなど、目に見えない世界への探究のはじまりなのでしょう。「穴に入れたい」というシンプルな欲求は、子どもの手先の発達や興味に合わせ、いろいろなおもちゃに展開し、あそびを広げることができます。

楽しいしかけの穴が各面にほどこされた箱形の玩具です。思わず指を差し込みたくなる穴の魅力が、心地よい感触と意外性によってますます高まります。

0・1歳

指さしボックス

▶P.16

ゴムの穴落とし

▶P.18

0・1歳

ゴムを使用することで、0歳児がちょうどよい抵抗を感じながら穴落としを楽しめます。「落とす」というシンプルな楽しさのなかに、押し込む・落ちたボールの行方を考えるなど、発見がたくさん隠れています。

カラフルな虫を穴に出し入れする玩具。入れると別の穴から出てくるというしかけの意外性は、くり返し出し入れするうちに「どの穴から出てくるか」と考えることにもつながります。

1・2歳

むしむしポットン

▶P.20

子どもの発達と興味に合わせて
ステップアップ!

あそびのヒント

穴をのぞく・物を入れる子どもの姿が見られたら

障子やブロック塀の穴を見つけると指を差し込んだりのぞいてみたり、雨水溝の穴に小石を落としたり。子どもにとって穴は未知の世界の不思議そのもの。「穴落とし」は「どうなるかな？」というワクワク感と、見えない穴の先へのイメージを広げるあそびです。子どものようすを注意深く観察し、芽ばえた探究心を存分に満たせるおもちゃを用意しましょう。

水と穴はどちらも子どもが大好きなもの。水中に物を落とす感覚を楽しんだり、水中でどんな動きをするかを観察したり、夢中になれるあそびです。落とす物はさまざまな素材を用意し、好奇心を刺激して。

1・2歳

お水にポットン

▶P.22

ボールころころ

▶P.24

1・2歳

ゴムボールの意外性のある動きが子どもを引きつけます。いろいろな位置から転がすくふうや、どんな動きをするか予想したり予想を裏切られたりする楽しみなど、知的好奇心をはぐくみます。

試行錯誤しながら穴の形に合ったブロックを探しあてるあそびです。ぴったりのものを見つけ出す快感を味わい、くり返し取り組むことが、集中力にもつながっていきます。

2歳

形はめ落とし

▶P.26

穴に指を入れる

次々にいろいろな穴に指を入れて、感触や音を確かめていきます。

穴の中には何があるかな？

指さしボックス

制作／阪本あやこ

0歳 1歳 2歳

指を入れた先にある鈴をつつくと音が鳴ったり、ケーキのいちごにみたてた穴に指を入れるとスポンジのやわらかい感触があったり。いろいろな発見をする楽しさがある遊具です。

鈴
タオル地の布
スポンジ

素材

- 段ボール箱
- 布
- フェルト
- スポンジ
- 鈴
- ひも
- ホース
- タオル地の布

コピー型紙
P.177

作り方

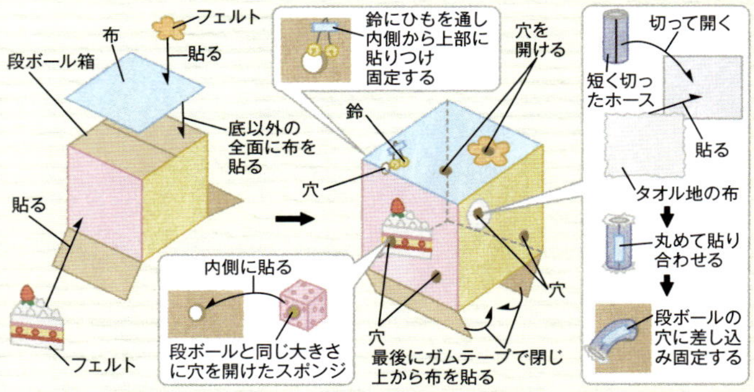
段ボール箱
布
フェルト
貼る
底以外の全面に布を貼る
貼る
フェルト
内側に貼る
段ボールと同じ大きさに穴を開けたスポンジ
鈴にひもを通し内側から上部に貼りつけ固定する
穴を開ける
鈴
穴
穴
穴
最後にガムテープで閉じ上から布を貼る
切って開く
短く切ったホース
貼る
タオル地の布
丸めて貼り合わせる
段ボールの穴に差し込み固定する

指先と手のひらを使って、格子状に張ったゴムにボールを押し込む感覚を楽しむあそびです。ゴムの押し返す力に手ごたえがあり、何度もくり返しあそびたくなります。

ぐいっと押し込む手ごたえににっこり

ゴムの穴落とし

制作／佐藤ゆみこ

0歳 1歳 2歳

穴に押し込む

ぎゅうっと押し込むとゴムのすき間が広がることに気づきます。

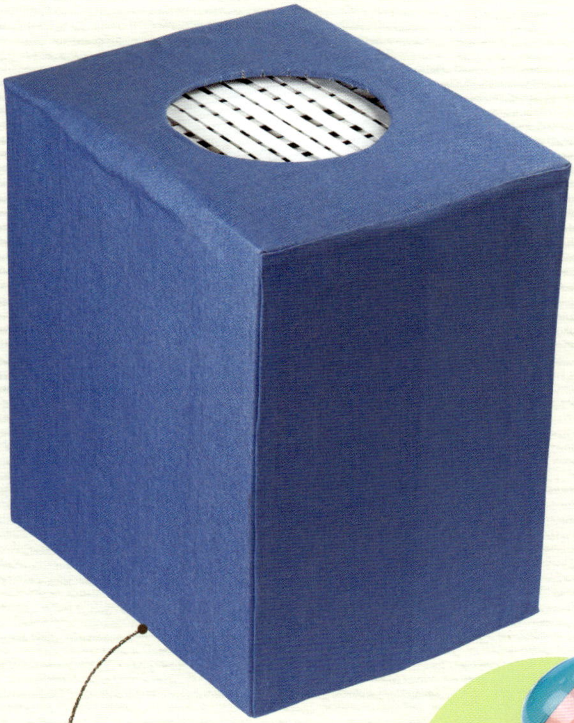

ゴムとゴムの間隔を広げれば、低月齢の子どもでも物を押し込みやすくなります。間隔を狭めると手ごたえが出るので、握力がついてきた子に。

押し込んだボールが取り出せるよう、段ボール箱の底は開けておきます。

ボールはプラスチックカプセルにビーズやビー玉、どんぐりなどを入れたもの。音も楽しめます。

あった！

底が開いているので、箱を持ち上げ、押し込んだボールを自分で取り出す子も。

素材

- 段ボール箱
- 平ゴム（幅13mm）
- 布
- 布ガムテープ
- プラスチックカプセル
- どんぐり、ビーズ、ビー玉など
- ビニールテープ

作り方

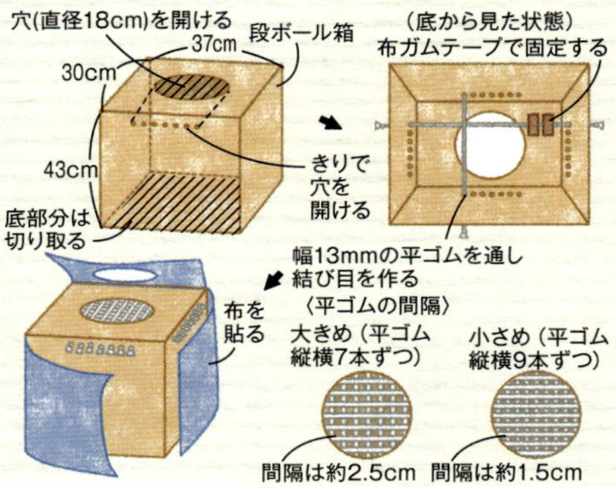

穴(直径18cm)を開ける
37cm
段ボール箱
30cm
43cm
きりで穴を開ける
底部分は切り取る
（底から見た状態）
布ガムテープで固定する
幅13mmの平ゴムを通し結び目を作る
布を貼る
〈平ゴムの間隔〉
大きめ（平ゴム縦横7本ずつ）
小さめ（平ゴム縦横9本ずつ）
間隔は約2.5cm
間隔は約1.5cm

※ボールは、プラスチックカプセルにどんぐりなどを入れビニールテープでとめる

穴から虫が出たり入ったり

むしむしポットン

制作／阪本あやこ

0歳 1歳 2歳

葉っぱの虫食いにみたてた穴に、カラー軍手で作った虫を入れてあそびます。ポトンと落とす感覚をくり返し楽しめます。

出す

次々と穴に虫を入れ、別の穴から出てきた虫をまた入れて……というくり返しに夢中になります。

虫を穴に入れると、別の穴から出てくるしかけを作ります。

虫さんが
出てきたよ！

素材

- 段ボール箱
- フェルト
- トイレットペーパー芯
- カラー軍手
- 綿
- 活眼

コピー型紙 P.178

作り方

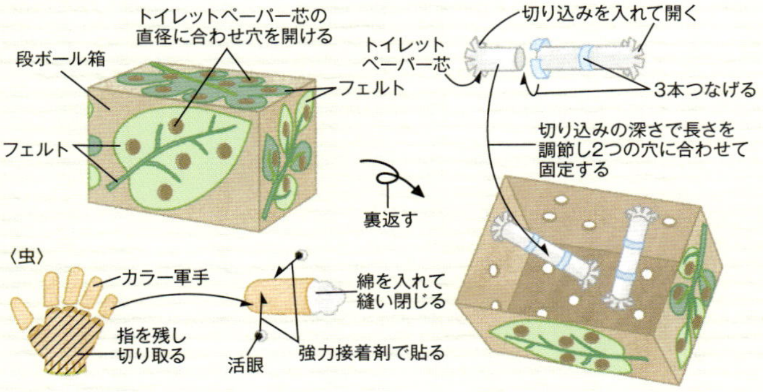
トイレットペーパー芯の
直径に合わせ穴を開ける
段ボール箱
フェルト
フェルト
トイレット
ペーパー芯
切り込みを入れて開く
3本つなげる
切り込みの深さで長さを
調節し2つの穴に合わせて
固定する
裏返す
〈虫〉
カラー軍手
指を残し
切り取る
綿を入れて
縫い閉じる
活眼
強力接着剤で貼る

虫は穴の大きさにぴったりはまる太さになるように綿をつめて作ります。

水に落ちるようすが探究心を育てる

お水にポットン

0歳 1歳 2歳

透明な容器の中に入った水に、いろいろな物を落としてあそびます。落とすだけでなく、物が水に浮かんだり沈んだりするようすを観察できます。

水に落とす

それぞれ自分のお気に入りを、くり返し入れていました。

身近にあって、飲み込むことのできない大きさのゴムボールなどを使用します。水に沈む素材として、大きめのビー玉などを加えても。

穴の大きさは、落とす物より少し大きくします。

素　材

- プラスチック容器
- ビニールテープ
- ゴムボール、洗濯ばさみ、丸棒など

作　り　方

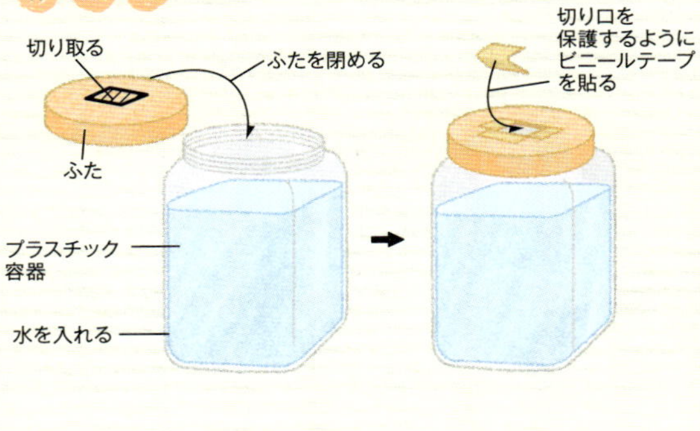

意外性のあるボールの動きに夢中

ボールころころ

0歳 1歳 2歳

制作／ studio・ab

透明なトンネルなので、ボールの動きをしっかり追うことができます。

落ちたボールは段ボールの受け皿にたまる構造です。

素材

- 段ボール
- ペットボトル（2ℓ）
- ビニールテープ
- 布
- ゴムボール
- ひも
- 両面テープ

ペットボトルのトンネルにゴムボールを入れてあそびます。ゴムボールが予測できない方向へ転がるのが魅力です。

作り方

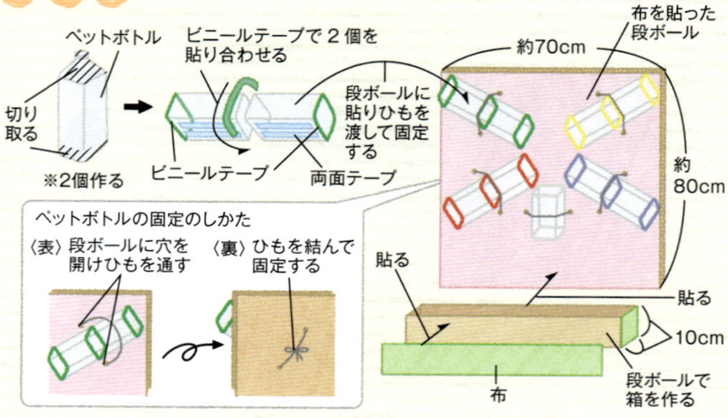

ペットボトル
切り取る
※2個作る
ビニールテープで２個を貼り合わせる
ビニールテープ
両面テープ
段ボールに貼りひもを渡して固定する
布を貼った段ボール
約70cm
約80cm
貼る
10cm
段ボールで箱を作る
布
ペットボトルの固定のしかた
〈表〉段ボールに穴を開けひもを通す
〈裏〉ひもを結んで固定する

ゴムボールが転がる

いろいろな位置のトンネルからボールを入れて、転がるようすを楽しんでいました。

パズルの穴落としにチャレンジ！

形はめ落とし

制作／ studio・ab

0歳 1歳 2歳

3種類の形のブロックを用意し、それぞれ形に合った穴を探して落とします。

穴の大きさは、ブロックよりひとまわり大きく、ほんの少し余裕を持たせます。

ペットボトルの筒とブロックがまとまったセットを、ひとりにひとつ用意することで、集中して取り組むことができます。

形は３種類で、三角・四角・丸など、わかりやすい形状に。色で判断しないよう、複数の色で同じ形のブロックを用意します。

ここかな？

合うブロックを探す

一つひとつの穴にブロックを当て、入るかどうか試していきます。

同じ形の穴
見つけた♪

ぴったりの穴が見つかった!

ぴったりの形がわかったときのうれしそうな表情。入れたブロックが筒の中に見えるのも満足感を高めます。

素材

- 牛乳パック
- ペットボトル（500mℓ）
- 段ボール
- 丸い割りばし
- 布
- ビニールテープ
- 両面テープ

作り方

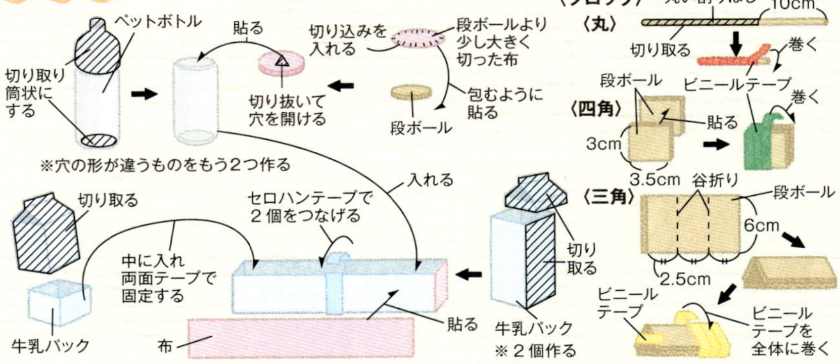
ペットボトル
切り取り
筒状に
する
貼る
切り抜いて
穴を開ける
切り込みを
入れる
段ボールより
少し大きく
切った布
包むように
貼る
段ボール
※穴の形が違うものをもう2つ作る
入れる
切り取る
セロハンテープで
２個をつなげる
中に入れ
両面テープで
固定する
牛乳パック
布
貼る
切り
取る
牛乳パック
※２個作る
〈ブロック〉
〈丸〉
丸い割りばし
10cm
切り取る
巻く
ビニールテープ
〈四角〉
段ボール
貼る
3cm
3.5cm
巻く
〈三角〉
谷折り
段ボール
6cm
2.5cm
ビニール
テープ
ビニール
テープを
全体に巻く

成長に沿ったいろいろな
引っぱる動きを引き出そう

引っぱるあそび

「引っぱる」動きは、握ることから始まり、次第にパンツを自分ではこうとするなど、指先に力を入れて引っぱる姿が見られるようになります。腕と指先をコントロールする力が発達してきたのです。指先の分化も進み、親指とひとさし指だけで細かいものをつまんで引っぱることもじょうずになってきます。そんな時期は入れたり出したりをくり返しながら、物の性質などを知っていくあそびが最適です。

手指の発達に合わせた引っぱるあそび

0歳6か月ごろ～

握って引っぱる

見たものをつかもうとする姿が見られます。つかんだものを振ったりするうちに、引っぱることを覚えます。

引っぱりチェーンリング

▶P.31

子どもがつかみやすいサイズのチェーンでまずは握る楽しみから、次第に引っぱるおもしろさに発展していきます。

0歳8か月ごろ～

つまんで引っぱる

指先の分化が進み、親指とひとさし指でつまめるように。細かいものをつまんで引っぱることに興味が出てきます。

筒の中からカラフルな布をつまみ出して引き抜くあそび。片手で筒を握り、いろいろな色の布を夢中で引き出してあそぶうちに指先の動きが促されます。

引っぱり布

▶P.32

ボタンをつまんで引っぱると、ゴムの力で戻るのが楽しくてくり返します。小さなものをじょうずにつかめるようになるあそびです。

引っぱりボックス

▶P.34

あそびのヒント

引っぱった先にある変化を楽しむ

引っぱると音がする、引っぱったゴムが縮んで戻る、引っぱるとその先に何かがついているなど、引っぱることで意外性やストーリーが生まれるおもちゃを用意しましょう。「どうなるんだろう？」という探求心やイメージがわくことが、引っぱる動きの原動力になっていきます。

1歳ごろ～

両手を交互に動かして引っぱる

両手の交互運動ができるようになると、両手を使って、連続的に引っぱることができるようになります。

長いチェーンを引っぱり出したくて、両手を交互に動かし、チェーンをつかんで引き出します。

引っぱりチェーン

▶P.30

缶からチェーンを引き出そう

引っぱりチェーン

0歳 1歳 2歳

缶の穴からチェーンを引っぱり出すあそびです。指先を使って、引き出す感触や手ごたえを楽しみます。

引き出す

両手を使ってチェーンを引き出していました。

チェーンはプラスチック製で、指先でつまみやすく、握りやすい大きさの物を。

素材

- ミルク缶
- 布
- プラスチック製チェーン
- ビニールテープ

しまう

チェーンを全部出し切ってしまうと、穴に指先を入れて、戻そうとする姿が見られました。

作り方

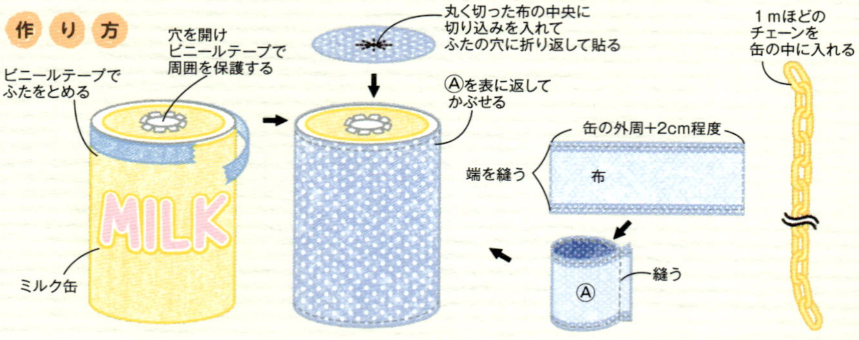
ビニールテープでふたをとめる
穴を開けビニールテープで周囲を保護する
MILK
ミルク缶
丸く切った布の中央に切り込みを入れてふたの穴に折り返して貼る
Ⓐを表に返してかぶせる
缶の外周+2cm程度
端を縫う
布
縫う
Ⓐ
1mほどのチェーンを缶の中に入れる

チェーンの輪を夢中で引っぱる

引っぱりチェーンリング

制作／ studio・ab

0歳 1歳 2歳

チェーンはプラスチック製で、子どもが握りやすい大きさの物を使用。

細長い形に合わせ、動物の飾りなどをつけると子どもの興味を引きます。

チェーンを輪にしてラップ芯に通したおもちゃ。引き出しても引き出しても終わることがないので、夢中になって手を動かします。握る、振る、引っぱるなど、お座りの子も歩ける子もそれぞれの発達に沿ったあそびができます。

どんどん引っぱる

次々に出てくるチェーンがおもしろくて、思わず声があがります。

お座りしてチェーンであそぶ

座ったままの低い姿勢から、チェーンを握ることを楽しみます。

素材

- ラップ芯
- 画用紙
- プラスチック製チェーン
- ビニールテープ
- 布ガムテープ
- たこ糸

コピー型紙 P.178

作り方

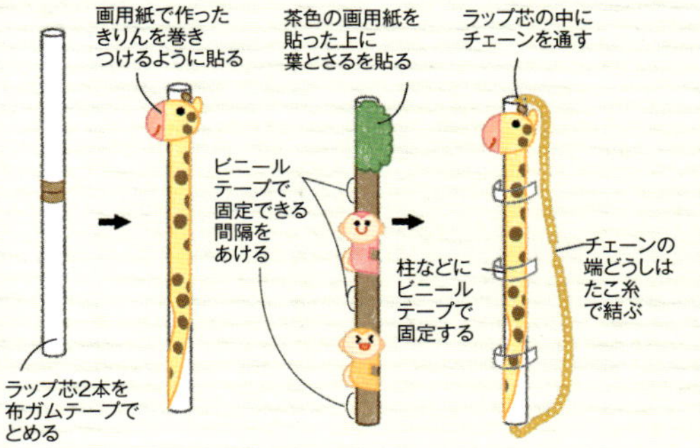
ラップ芯2本を布ガムテープでとめる
画用紙で作ったきりんを巻きつけるように貼る
茶色の画用紙を貼った上に葉とさるを貼る
ビニールテープで固定できる間隔をあける
ラップ芯の中にチェーンを通す
柱などにビニールテープで固定する
チェーンの端どうしはたこ糸で結ぶ

筒からカラフルな布を引っぱって

引っぱり布

0歳 1歳 2歳

いろんな布が
出てくるよ！

筒の中に詰まっている布を引っぱり出すあそびです。次々に違う色の布が出てくるのが楽しくて、何度もくり返したくなります。

引き出す

長くつながっている布を夢中で引き出します。

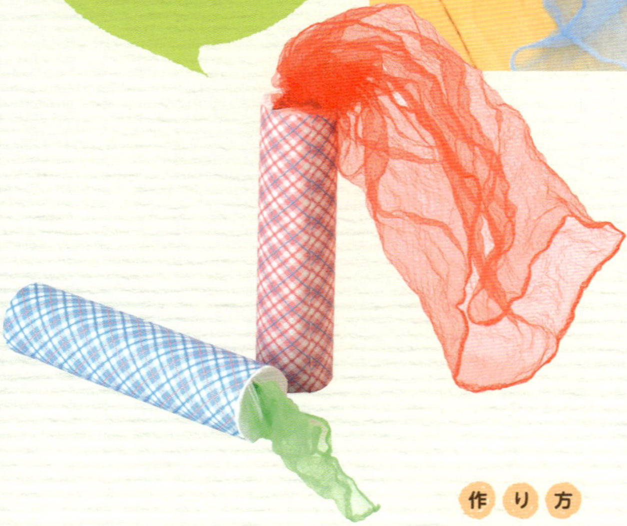

しまう

引き出した布を筒に戻そうと指で押し込んでいるようす。

素材

- ラップ芯
- 厚紙
- 包装紙
- レジ袋
- オーガンジーの布

作り方

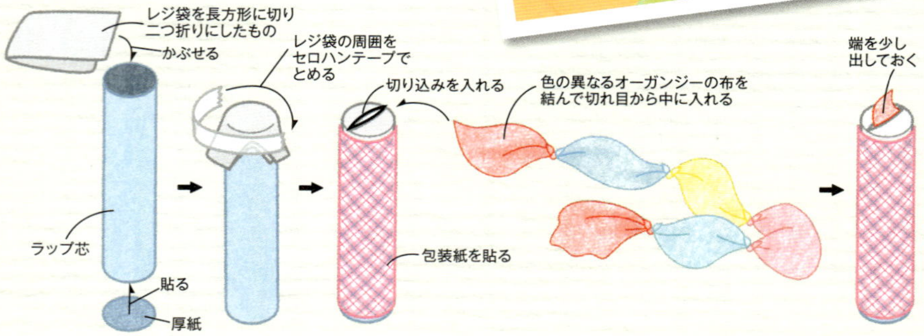
レジ袋を長方形に切り
二つ折りにしたもの
かぶせる
レジ袋の周囲を
セロハンテープで
とめる
ラップ芯
貼る
厚紙
切り込みを入れる
色の異なるオーガンジーの布を
結んで切れ目から中に入れる
包装紙を貼る
端を少し
出しておく

変わる絵や布の感触に興奮！

ティッシュボックスの引っぱり布あそび

制作／studio・ab

0歳 1歳 2歳

ティッシュボックスから長い布が出てくる、引き出しあそびです。色や感触の異なる布や、絵が描かれた布が出てくることで、好奇心が刺激されます。

引っぱっていくと、どんどん違う動物の絵が出てきます。最後はラップ芯のストッパーでとまるしくみ。

今度は何が出てくるかな？

違う布が出てくる意外性を楽しむ

1歳児は立って引っぱって、長くつながったようすを確かめます。

色柄や素材の違う布が出てくるパターン。

感触を楽しむ

まず、少し引っぱり出して手触りを確かめる0歳児。

素材

- ティッシュボックス
- 布（ブロード生地、タオル生地、フリース生地、レース生地、ボア生地、不織布、白い布など）
- ビニールテープ
- ラップ芯（20cmくらいのもの）
- 画用紙

作り方

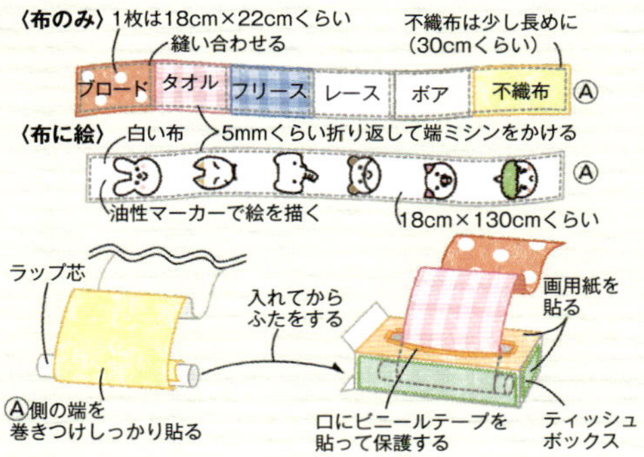
〈布のみ〉1枚は18cm×22cmくらい
縫い合わせる
不織布は少し長めに（30cmくらい）
ブロード
タオル
フリース
レース
ボア
不織布
Ⓐ
〈布に絵〉白い布
5mmくらい折り返して端ミシンをかける
Ⓐ
油性マーカーで絵を描く
18cm×130cmくらい
ラップ芯
Ⓐ側の端を巻きつけしっかり貼る
入れてからふたをする
画用紙を貼る
口にビニールテープを貼って保護する
ティッシュボックス

コピー型紙 P.179

2種類の引っぱりあそびが楽しめる

引っぱりボックス

制作／ studio・ab

0歳 1歳 2歳

先端にボタンがついたゴムと、持ち手のついた綿ロープ。2種類の引っぱるあそびを楽しめる箱です。

ロープを引っぱる

持ち手を引っぱると、1.5mの長さに。ロープを巻き戻して、くり返し引っぱり出すのを楽しんでいました。

ボタンを引っぱる

ボタンを引っぱり、手を離すと〝パチン！〟。ゴムのきつさは、引くときに少し抵抗があるくらいの長さにすると、戻る勢いを楽しめます。

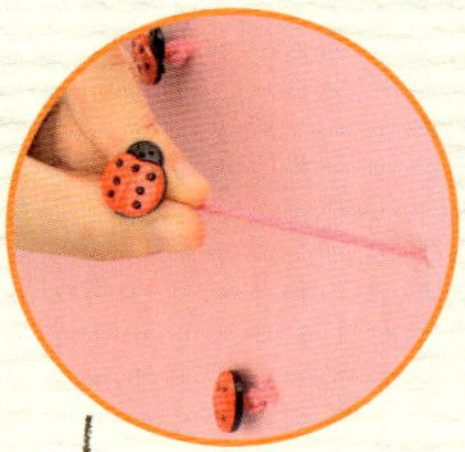

ボタンはてんとうむしなど、子どもの興味を引く形にしてもよいですね。

綿ロープにはウレタンシートで持ち手をつけます。

作り方

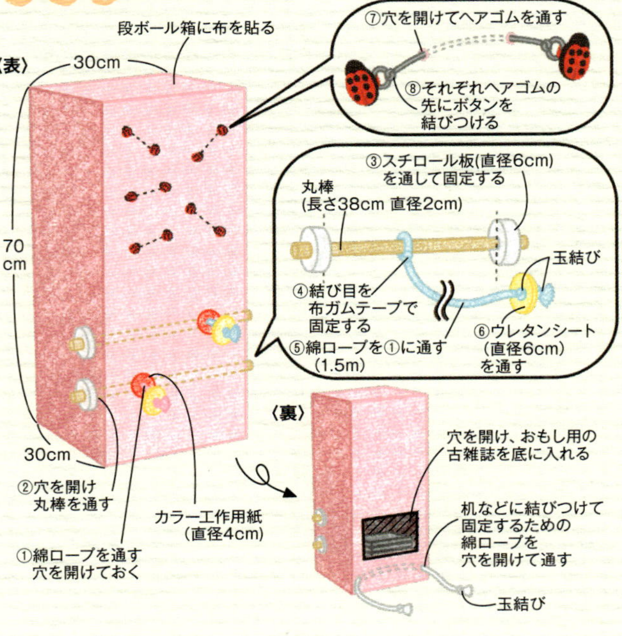
段ボール箱に布を貼る
〈表〉
30cm
70 cm
30cm
⑦穴を開けてヘアゴムを通す
⑧それぞれヘアゴムの先にボタンを結びつける
③スチロール板(直径6cm)を通して固定する
丸棒(長さ38cm 直径2cm)
玉結び
④結び目を布ガムテープで固定する
⑤綿ロープを①に通す(1.5m)
⑥ウレタンシート(直径6cm)を通す
②穴を開け丸棒を通す
カラー工作用紙(直径4cm)
①綿ロープを通す穴を開けておく
〈裏〉
穴を開け、おもし用の古雑誌を底に入れる
机などに結びつけて固定するための綿ロープを穴を開けて通す
玉結び

素材

- 段ボール箱
- 布
- ヘアゴム
- ボタン
- スチロール板
- 丸棒
- 綿ロープ
- カラー工作用紙
- ウレタンシート
- 布ガムテープ
- おもし用の古雑誌

引き出したロープは、側面の丸棒をまわすと元の位置に戻るしかけになっています。

お宝マスコットを引き当てよう

ドキドキ宝箱

制作／ studio・ab

0歳 1歳 2歳

どれにしよう……

宝箱に手を入れる

中に何が入っているか、ドキドキしながら手を入れます。

何が出るかな？

ボールをつかむ

手に触れたボールをつかんで、引っぱり上げます。

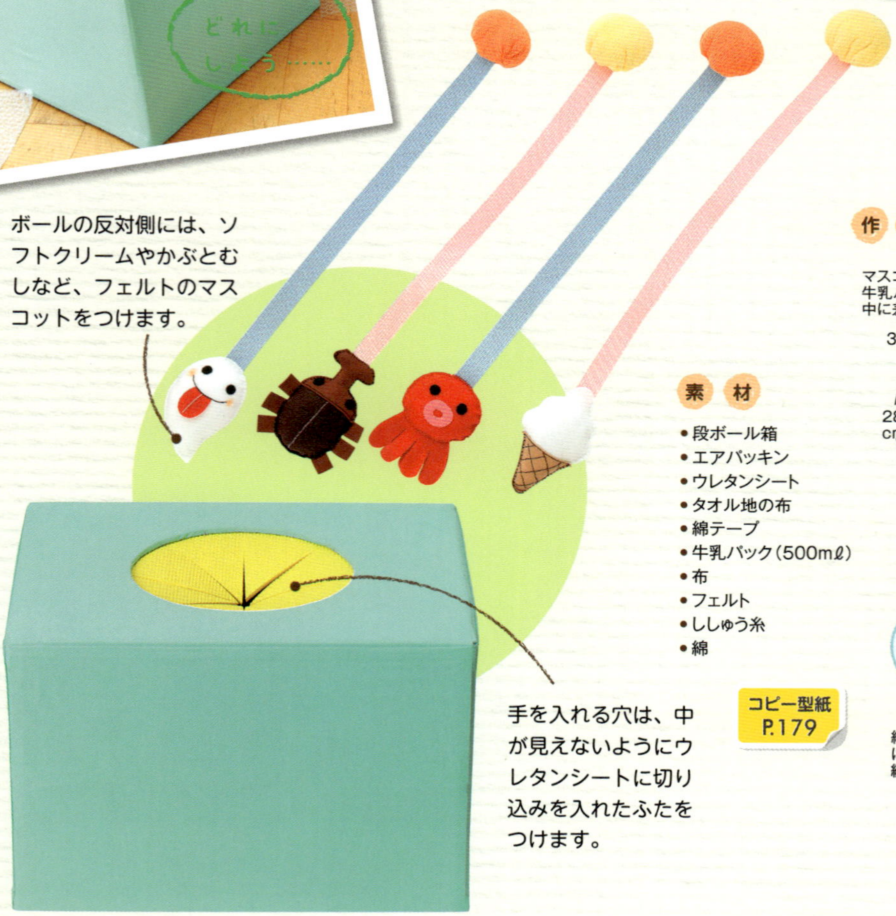

ボールの反対側には、ソフトクリームやかぶとむしなど、フェルトのマスコットをつけます。

手を入れる穴は、中が見えないようにウレタンシートに切り込みを入れたふたをつけます。

素材

- 段ボール箱
- エアパッキン
- ウレタンシート
- タオル地の布
- 綿テープ
- 牛乳パック(500mℓ)
- 布
- フェルト
- ししゅう糸
- 綿

コピー型紙 P.179

作り方

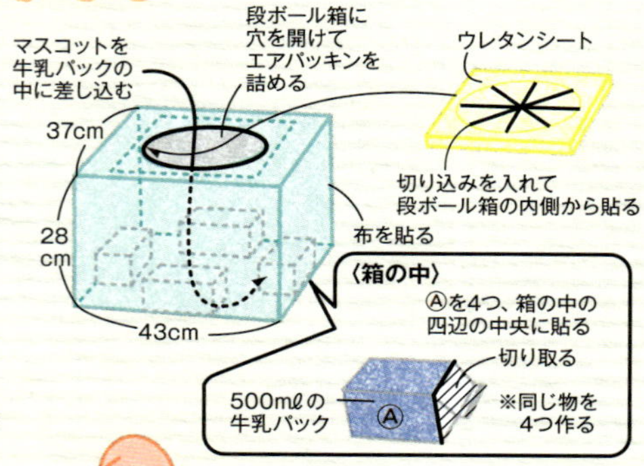
マスコットを牛乳パックの中に差し込む
段ボール箱に穴を開けてエアパッキンを詰める
ウレタンシート
37cm
28cm
43cm
切り込みを入れて段ボール箱の内側から貼る
布を貼る
〈箱の中〉
Ⓐを4つ、箱の中の四辺の中央に貼る
切り取る
500mℓの牛乳パック
Ⓐ
※同じ物を4つ作る

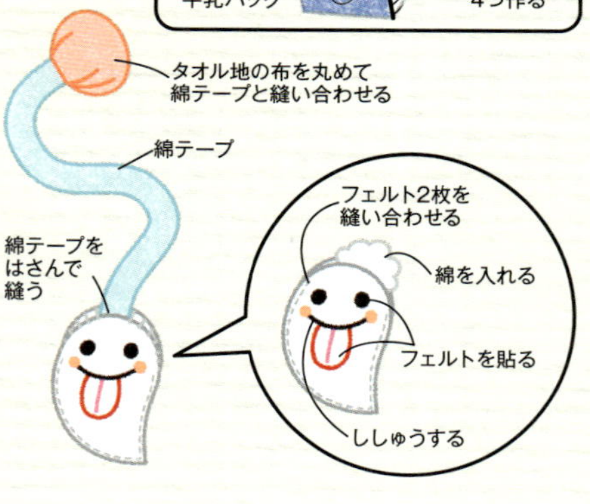
タオル地の布を丸めて綿テープと縫い合わせる
綿テープ
綿テープをはさんで縫う
フェルト2枚を縫い合わせる
綿を入れる
フェルトを貼る
ししゅうする

中身が見えない箱から、手探りでボールをつかんで引っぱり出します。ボールの先には、子どもの大好きなマスコットがついています。

マスコットを引き当てる

自分の好きなマスコットを引き当てて、大喜び。

何度も動作をくり返して
夢中になる「しかけ」が

手指の発達を促すあそび

ものの感触を五感で感じながら、手指の分化が進むと、1歳半をすぎるころから、子どもたちの手指は道具を器用に「操る」「使う」機能を獲得していきます。それぞれの機能を子どもたちが実際に生活のなかで生かし、つなげていけるよう、おもちゃを提示します。そのためには、機能面を促すだけでなく、子どもが好奇心と楽しさを感じながら、意欲を持って取り組めるようなものと組み合わせるくふうが重要です。

動きを引き出すために
＋αのしかけを組み合わせよう

あそびのヒント

あそびが訓練にならないように気をつけましょう

「発達を促したい！」という保育者の願いは、ともするとその動きだけをくり返し、練習することを目的にしがちです。しかし、それでは子どもは飽きてしまい、あそびそのものを楽しめなくなってしまうことも。子ども自身が興味を持ち、自分の意志であそびたくなること、本人が満足感を得られることをあそびのなかに組み込むことが大切です。夢中になっているうちに身につくことこそが、手作りおもちゃの最大のメリットです。

0歳児は

五感を刺激する

乳児期の感覚をいろいろな方向から刺激することで、手指の機能が発達していきます。音が出るしかけや、触り心地のよい感触などで、思わず手が伸びるおもちゃを用意しましょう。

触る
丸める

×

音がする
感触を楽しむ

さわって丸めて

▶P.48

手に取ってあそぶことで、音やしゃかしゃかとした感触が楽しめるおもちゃ。0歳児の手指の発達が五感を刺激することで促されます。

1歳児は

意外性で好奇心を引き出す

意外性を演出して、さまざまな心の動きを引き出します。1歳児は「あった！」「見えた！」「くまさん！」など、発見や感動を一語文で表します。ことばの発達との相乗効果で手指の発達も引き出されます。

はがす × **発見する**

下の絵がだんだん見えてくると「なんだろう？」という好奇心が、テープをはがすという子どもが大好きな動きを加速させます。見えないものを見つける喜びが、思わずことばにつながります。

ビニールテープのはがし絵 ▶P.50

動物の好きな食べ物を食べさせてあげるというストーリーであそびを展開します。イメージがふくらみ、楽しみながら夢中で「はしを使う」という少しむずかしい課題に取り組みます。透明の入れ物がいっぱいになることで、やり遂げた達成感が感じられるのもポイント。

おくちにポン

▶P.58

2歳児は

意欲と想像力をかきたてる

チャレンジしたい気持ちや、想像力を伸ばすきっかけに。ほんの少しむずかしい課題を盛り込んで、挑戦する意欲とやり遂げる充足感を引き出します。また、ストーリー性を持たせると、手指の発達だけでなく、イマジネーションを刺激し、みたてあそびなどに発展していきます。

はしを使う × **ストーリーを楽しむ・チャレンジする**

カラフルなおだんごを棒に通して

おだんご作り

0歳 1歳 2歳

通す

それぞれ試行錯誤しながら、次々におだんごを通していきます。

紙粘土のおだんごを、棒に通して串だんごに。おだんごの穴の位置をよく確認しながら、指先を巧みに動かすあそびです。

棒におだんごを通す友だちのやり方をじっと見ている姿。

食べるつもりを楽しむ

色とりどりの紙粘土の玉でおだんごを作るつもりあそびも楽しめます。

難しいときは、棒を短くするとやりやすくなります。

持ち手になる長さをとった位置に、いちばん下のおだんごが抜けないよう、たこ糸を巻いてストッパーを作ります。

素材

- 紙粘土
- 絵の具
- 丸棒
- たこ糸

作り方

絵の具を混ぜ込んで色をつけた紙粘土を、丸めておだんごにします。やわらかいうちに中心に棒をさして穴を開け、乾かします。おだんごが抜けてしまわないよう、棒にはたこ糸を巻いてボンドで固め、ストッパーにします。

棒のいちばん上までおだんごを通したら、食べるまねをする子も。

面ファスナーやスナップつきの綿テープに穴の開いたモチーフを通してとめるあそびです。あそび終わったら、タペストリーとして飾ってもよいですね。

通す

穴と綿テープをよく見ながら、指先を使うことに集中して通していました。

面ファスナー

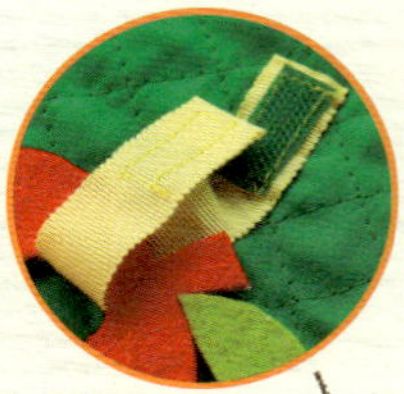

面ファスナーとスナップの２種類のとめ方があるので、指先の使い方に力加減が求められます。

スナップ

夢中で飾りつけるうちに手指も動く

ツリータペストリー

制作／阪本あやこ

0歳 1歳 2歳

作り方

素材

- キルティング生地
- 丸棒
- フェルト
- 面ファスナー
- スナップ
- 工作用紙
- 綿テープ

コピー型紙 P.180

〈土台〉

綿テープを縫いつける
キルティング生地
袋に縫って丸棒を入れる
面ファスナーを縫いつける
端縫いする
綿テープ
スナップを縫いつける
上部を縫いつける

〈モチーフ〉

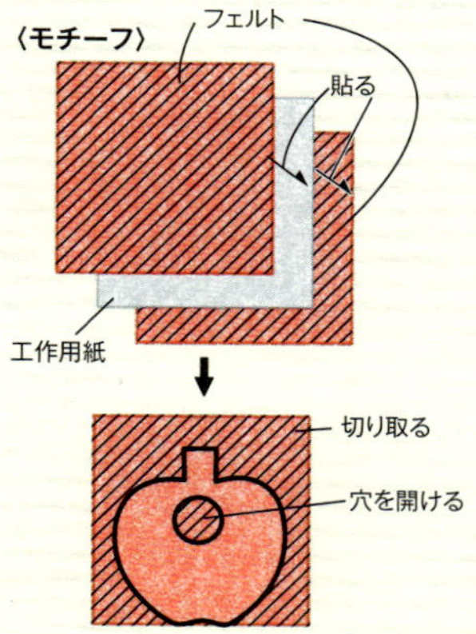
フェルト
貼る
工作用紙
切り取る
穴を開ける

スナップをとめるには指先の力が必要になります。

綿テープの端をしっかり指先でつまんでとめていきます。

通し終わると、モチーフの向きをまっすぐに直す姿も。次ははがしてあそんでも。保育室の壁にかけておけば、くり返しあそべます。

フワフワの玉であそぼう

ゴム玉あそび

制作／北村 克

0歳 1歳 2歳

綿が入ったフワフワの玉を、ゴムのあいだをするすると動かしてあそびます。持ってニギニギするだけでも楽しい！

握ったり 動かしたり

玉をスライドさせたり、握って感触を楽しみます。

ゴムを引っぱる

引っぱって伸びる
のもおもしろい！

素材

- 布
- 綿
- ヘアゴム

作り方

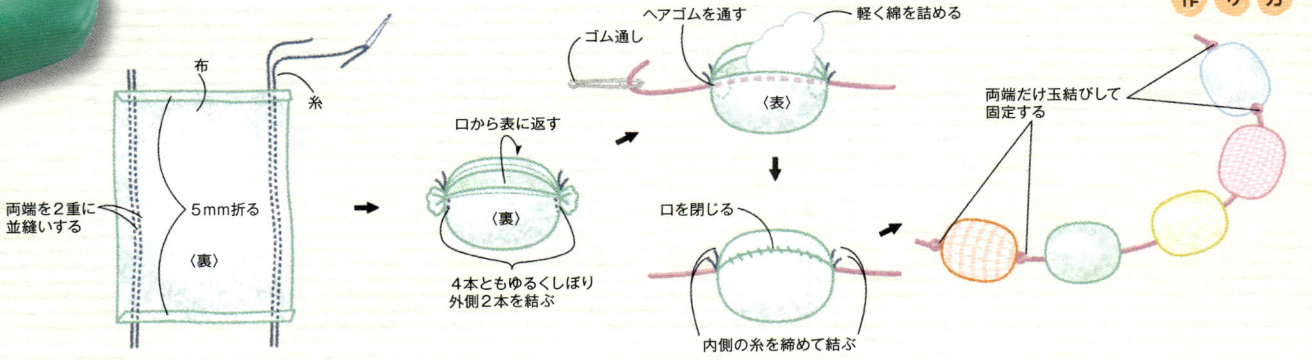

腹ばいであそべるおもちゃつきマット

いたずらマット1

制作／阪本あやこ

0歳 1歳 2歳

コルクマットに固定されたおもちゃに誘われて、まだ腹ばいの子どもも、自然と身をのり出したり、手を伸ばしたりしたくなります。さまざまな音や色、感触を楽しめるおもちゃです。

缶やふたをたたいて音を出します。

布で包んだ保冷剤の、ぷにぷにした感触を楽しみます。

透明の箱から、いろいろな色の布を引き出してあそびます。

ゴムでつながったボタンは引っぱることができます。指を離すと自然と元の位置に戻ります。

おもちゃの種類を変えても楽しい

いたずらマット2

制作／阪本あやこ

連なったチェーンが、袋状のぞうの体から鼻までつながっています。戻すときは、おしりのボタンを開けて、中から引っぱります。

果物は面ファスナーで取りはずしできるように。同じ形に合わせてつけたりはがしたりできます。

素材

- ジョイント式コルクマット
- 保冷剤
- 布
- フェルト
- 綿
- 空き缶
- プラスチックケース
- 結束バンド
- ボタン
- 布ガムテープ
- 綿ロープ
- 面ファスナー
- オーガンジー
- ゴム
- ラップ芯
- プラスチック製チェーン
- ビニールテープ

コピー型紙
P.180

作り方

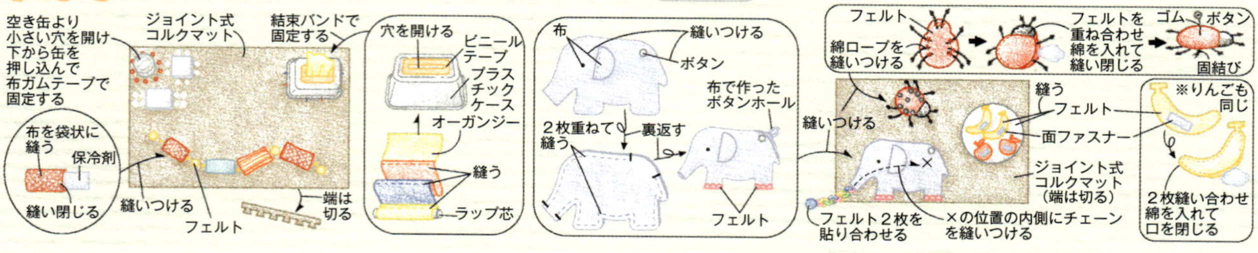
空き缶より小さい穴を開け下から缶を押し込んで布ガムテープで固定する
ジョイント式コルクマット
結束バンドで固定する
布を袋状に縫う
保冷剤
縫い閉じる
縫いつける
フェルト
端は切る
穴を開ける
ビニールテープ
プラスチックケース
オーガンジー
縫う
ラップ芯
布
縫いつける
ボタン
布で作ったボタンホール
2枚重ねて縫う
裏返す
フェルト
フェルト
綿ロープを縫いつける
フェルトを重ね合わせ綿を入れて縫い閉じる
ゴム
ボタン
固結び
縫いつける
縫う
フェルト
面ファスナー
ジョイント式コルクマット（端は切る）
フェルト2枚を貼り合わせる
×の位置の内側にチェーンを縫いつける
※りんごも同じ
2枚縫い合わせ綿を入れて口を閉じる

腹ばいであそぶ

腹ばいで目の前の物を
触って確かめていきます。

引き出す

自分の力で布を引き出せる満足感があります。色違いの布がつながって出てくるため、引き出す意欲が高まります。

引っぱる

つながって出てくる、カラフルなチェーンに興味津々。

丸めたときの感触が気持ちいい

さわって丸めて

制作／北村 克

0歳 1歳 2歳

一見ハンカチのような布ですが、触るとクシャクシャと心地よい感触と音がします。面ファスナーをとめて丸めた形にできるのがポイントです。

触る

0歳児は感触と音を楽しみます。

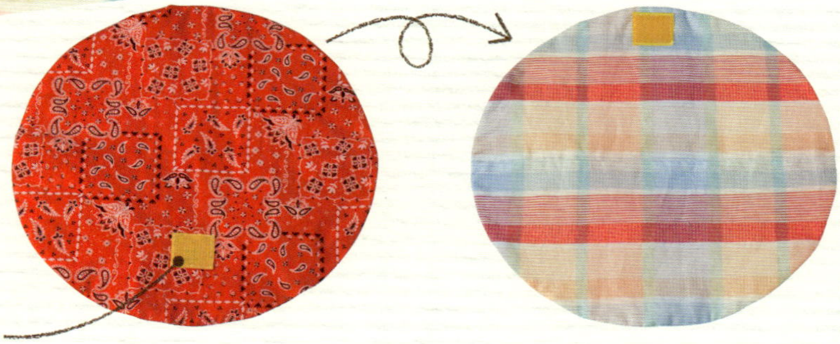

適当に丸めたら、両面にある面ファスナーでとめて好きな形にできます。

表　裏

丸める

1歳児はたたんだり、丸めたりに挑戦。

よいしょ……

できた！

素材

- 布
- ビニール
- 面ファスナー

作り方

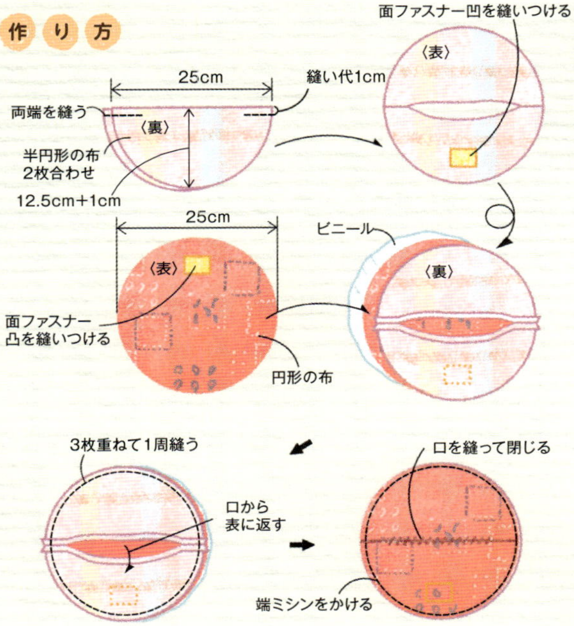
25cm
両端を縫う
〈裏〉
縫い代1cm
半円形の布
2枚合わせ
12.5cm+1cm
面ファスナー凹を縫いつける
〈表〉
25cm
〈表〉
面ファスナー
凸を縫いつける
円形の布
ビニール
〈裏〉
3枚重ねて1周縫う
口から
表に返す
口を縫って閉じる
端ミシンをかける

とめる

面ファスナーをとめたりはずしたりするあそびも大好き。

とまったー！

はがす快感と「何かな？」が楽しい

ビニールテープのはがし絵

0歳 1歳 2歳

制作／タバサナオミ

短いビニールテープをはがしていくと、かわいい動物が現れるはがし絵です。年齢に合わせてテープの長さや量を調節してみましょう。

ペリペリ……

テープをはがす

慎重にテープをはがしはじめます。うまくはがせない子どもには、ビニールテープを減らしたり、端を折ってめくるきっかけ部分を作ってはがしやすくしましょう。

こっちもはがしてみよう

１枚１枚ていねいにはがして……。

最初はビニールテープで絵が隠れています。

少しはがすと「あれ？　何かな？」。

全部はがすと「おさるさんだ！」。

素材

- 段ボール
- 布ガムテープ
- ビニールテープ
- ブックカバー用フィルム
- 画用紙

作り方

コピー型紙 P.181

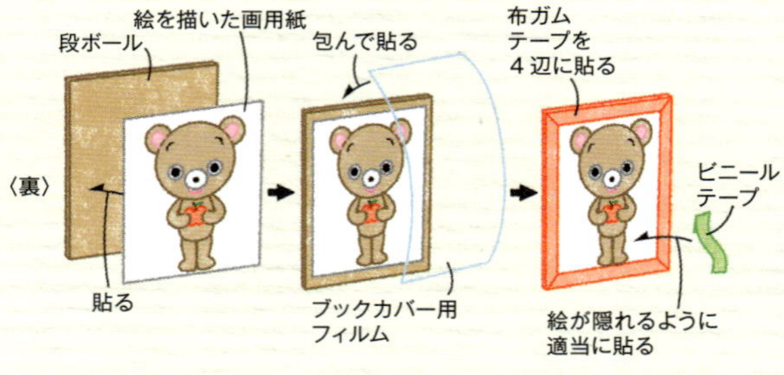
段ボール
絵を描いた画用紙
〈裏〉
貼る
包んで貼る
ブックカバー用フィルム
布ガムテープを４辺に貼る
ビニールテープ
絵が隠れるように適当に貼る

絵が見えてきた

慣れてくると、はがすスピードが速くなります。

全部はがすとかわいいくまの絵が現れます。

具をたくさん入れてきれいに巻けるかな？

くるくるぺったん のり巻き

0歳 1歳 2歳

制作／阪本あやこ

すべてフェルトだから握りやすく、くるくると巻く力を込めやすい。

フェルトで作ったのり巻きです。のりにごはんを敷いて具をのせてくるくる巻く動作は、楽しくて何度もくり返したくなります。

包丁も作ればのり巻きを切るあそびも。

巻き終わると面ファスナーでしっかりとめられます。

作り方

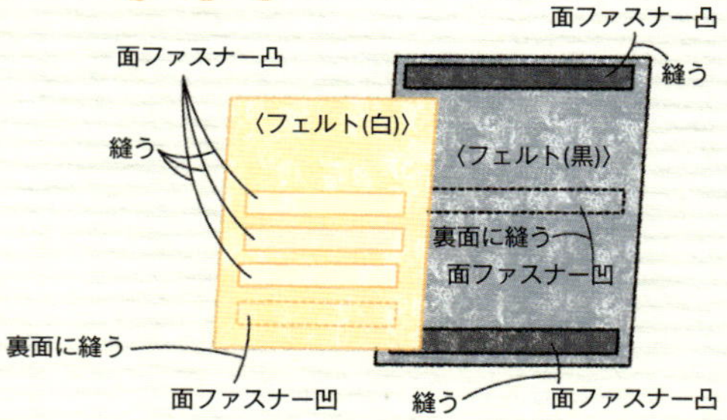
面ファスナー凸
縫う
〈フェルト(白)〉
裏面に縫う
面ファスナー凹
面ファスナー凸
縫う
〈フェルト(黒)〉
裏面に縫う
面ファスナー凹
縫う
面ファスナー凸

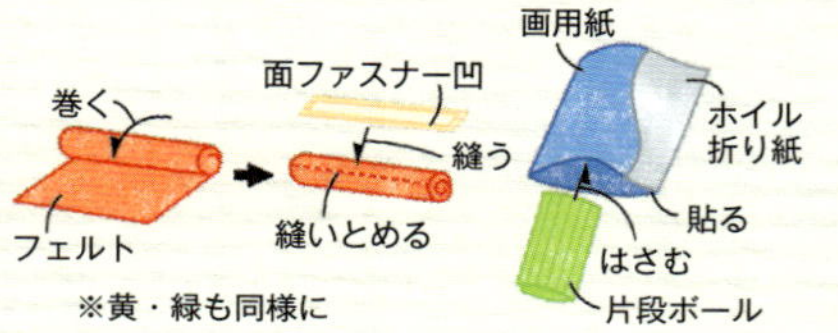
巻く
フェルト
面ファスナー凹
縫う
縫いとめる
※黄・緑も同様に
画用紙
ホイル折り紙
貼る
はさむ
片段ボール

素材

- フェルト
- 面ファスナー
- 片段ボール
- 画用紙
- ホイル折り紙

きゅうりも
入れるよ！

具をのせて巻く

全部の具を巻こうと、指先を使って手前からくるっ。

ゆっくり巻いたり、力を込めたり。何度か挑戦するうちにコツを覚えて、じょうずにのり巻きが作れるように。

いただきまーす！

のり巻きをぱくり！

食べるまねをしてごっこあそびにも。

まきまき～
リンリン♪

鈴を鳴らしながら巻き取ろう

糸巻きあそび1

0歳 1歳 2歳

ラップ芯に綿ロープを巻きつける、巻き取りあそびです。ロープの先には鈴など音の鳴る物をつけると楽しい！　自分の手で巻き取る感覚が得られて夢中になります。

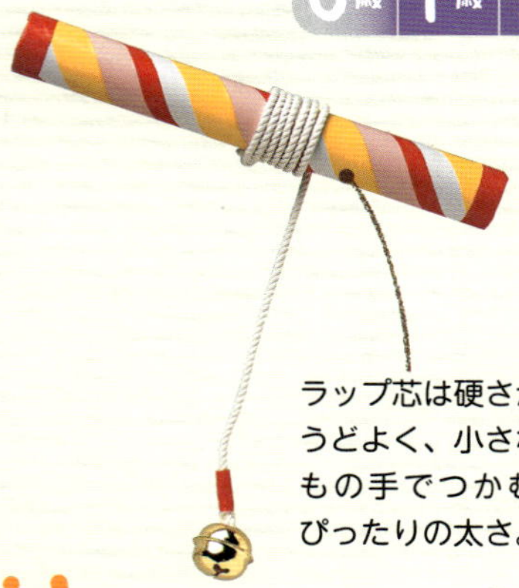

ラップ芯は硬さがちょうどよく、小さな子どもの手でつかむのにぴったりの太さ。

巻けたよ！

ロープを巻き取る

垂らしたロープをラップ芯に巻き取ると、先についた鈴が鳴ります。

素材

- ラップ芯
- ビニールテープ
- 綿ロープ
- 鈴

作り方

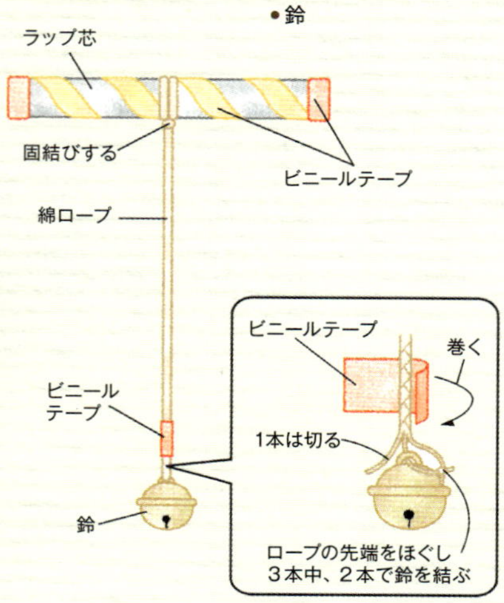
ラップ芯
固結びする
ビニールテープ
綿ロープ
ビニールテープ
鈴
ビニールテープ
巻く
1本は切る
ロープの先端をほぐし
3本中、2本で鈴を結ぶ

2人で協力して巻き取ろう

糸巻きあそび2

0歳 1歳 2歳

糸巻きあそび１を応用して、2人であそべるように作ります。

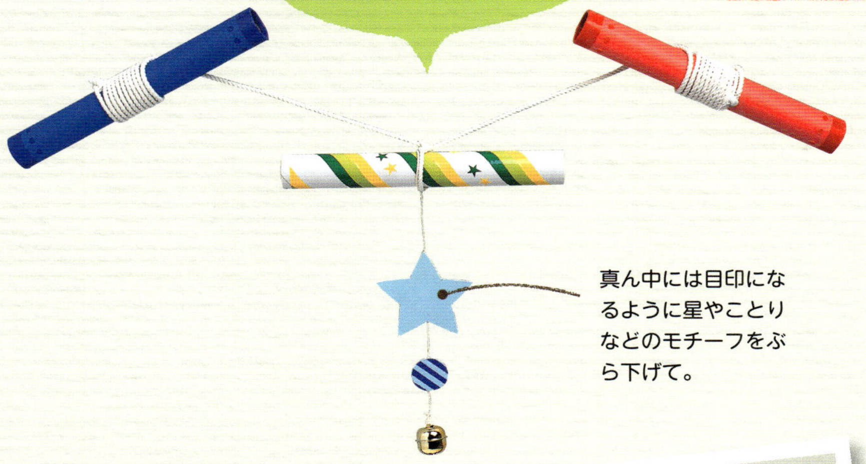

真ん中には目印になるように星やことりなどのモチーフをぶら下げて。

素材

- ラップ芯
- ビニールテープ
- 綿ロープ
- 鈴
- 画用紙
- 丸シール
- シール
- たこ糸
- 工作用紙

コピー型紙 P.181

作り方

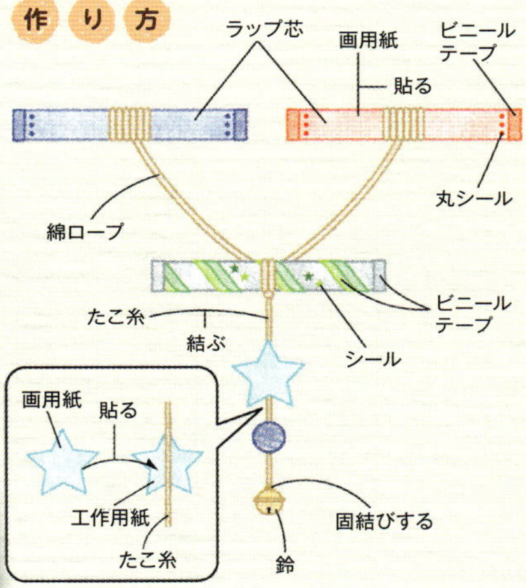

ラップ芯
画用紙
貼る
ビニールテープ
丸シール
綿ロープ
ビニールテープ
たこ糸
結ぶ
シール
画用紙
貼る
工作用紙
たこ糸
固結びする
鈴

2人で巻く

リンリン♪

2人でそれぞれ両端のラップ芯を持ちます。

うまく巻けるかな？

くるくる～

巻き進めると、2人が近づきます。

いろんなかぎを開けて見つけよう

宝物いっぱい かぎ箱

0歳 1歳 2歳

制作／ studio・ab

かぎを開けて、箱の中のおもちゃを発見することがうれしいあそびです。いろいろなかぎを用意することで、指先の動きを促します。

かぎを開ける

夢中になっていろいろと指先を動かしているうちに、かぎが開くしくみに気づいていきます。

ガサガサ……

りんご
見つけた！

見つける

箱の中にエアパッキンが敷き詰められ、すぐには宝物が見えないので、見つけたときの喜びが大きくなります。

りんご

たくさんのエアパッキンをかき分けていくと、プラスチックカプセルのりんごが見つかります。

かぎを開ける

いろいろな箱を開けるとそれぞれ違う物が出てくるのでワクワクします。

動物

開けるとびっくり箱のように中の動物がゆらゆらと揺れるしかけです。

電車

牛乳パックの電車。

ガラガラ

プラスチックカプセルに、ビーズを入れたガラガラ。

いもむし

感触も楽しい、カラー軍手で作ったいもむしが入っています。

素材

- 段ボール箱
- 板段ボール
- 布ガムテープ
- 板
- ねじ
- プラスチックカプセル
- ビーズ
- ビニールテープ
- 綿ロープ
- カラー軍手
- フェルト
- 鈴
- モール
- 画用紙
- かぎ
- リング
- スチロール板
- 牛乳パック
- エアパッキン

コピー型紙 P.181

作り方

〈箱〉

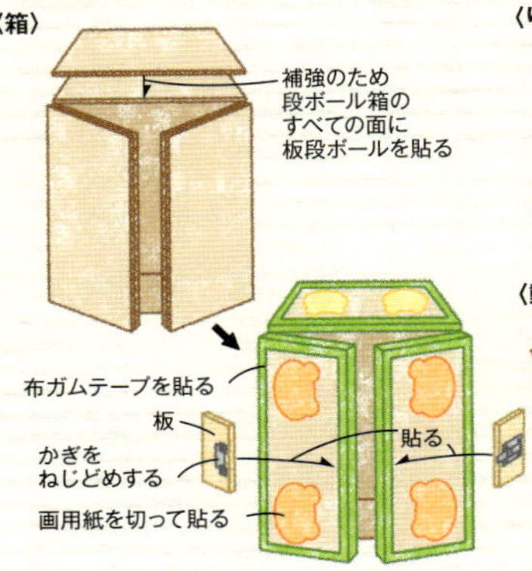
補強のため段ボール箱のすべての面に板段ボールを貼る
布ガムテープを貼る
板
かぎをねじどめする
貼る
画用紙を切って貼る

〈りんご〉

緑のビニールテープを貼る
プラスチックカプセル
赤いビニールテープを巻く

〈ガラガラ〉

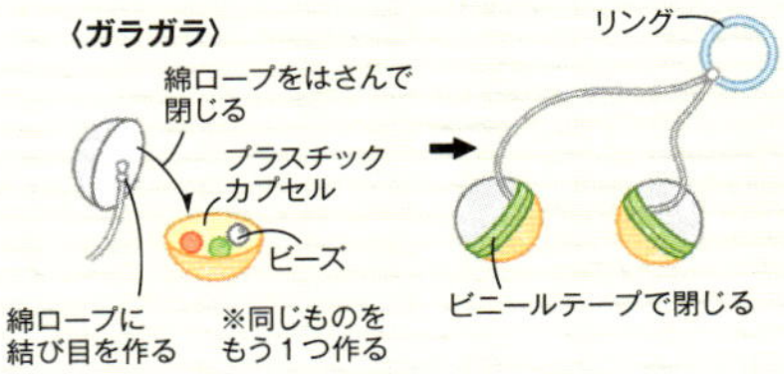
綿ロープをはさんで閉じる
プラスチックカプセル
ビーズ
綿ロープに結び目を作る
※同じものをもう1つ作る
リング
ビニールテープで閉じる

〈いもむし〉

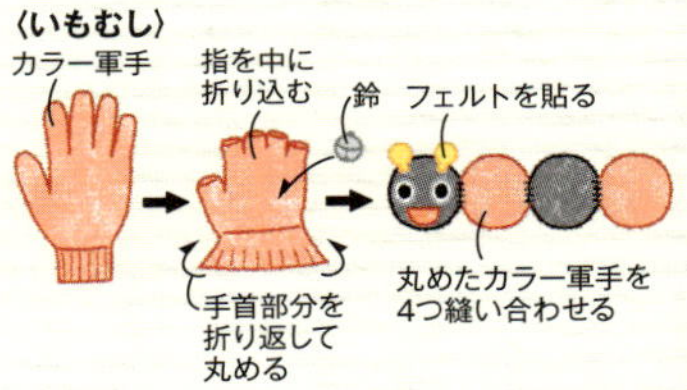
カラー軍手
指を中に折り込む
鈴
フェルトを貼る
手首部分を折り返して丸める
丸めたカラー軍手を4つ縫い合わせる

〈動物〉

画用紙で作った動物をモールに貼る
らせん状に巻いたモール
スチロール板にセロハンテープで固定する
段ボールの底に貼る

〈電車〉

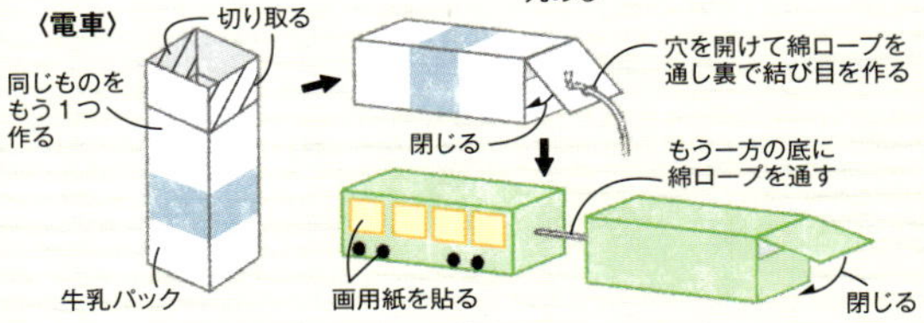
切り取る
同じものをもう1つ作る
牛乳パック
閉じる
穴を開けて綿ロープを通し裏で結び目を作る
もう一方の底に綿ロープを通す
画用紙を貼る
閉じる

ごはんを口に運ぶおはしあそび

おくちにポン

制作／ピンクパールプランニング

0歳 1歳 2歳

はしを使って、紙粘土のごはんを、透明プラスチックケースで作った動物に食べさせてあげるあそびです。ケースに開けた穴は、口のよう。食べさせてあげる目的があるので、はしを使いたい意欲がかきたてられます。

おわんに入れているので、うさぎに食べさせるにんじんだとわかります。

透明なので、どれだけ入れられたかが見えます。くまには魚、さるにはバナナを食べさせてあげましょう。

はしでごはんを運ぶ

くまさん、どうぞ！

お盆の上にはしを置くことで、食事らしい雰囲気になります。

そーっと運ぶ表情は真剣そのもの。

初めてはしを使う子どもも、つまもうと一生懸命に試行錯誤します。

スプーンでも

あ～ん

「あ～ん」と言いながら運ぶと、友だちもつられて口をあ～ん。はしが使えない子はスプーンを使いましょう。

全部食べたね

保育者は、全部ケースに入れられたことを確認して「ありがとう」と声をかけます。

みんな、ありがとう。おなかいっぱいになったよ。

作り方

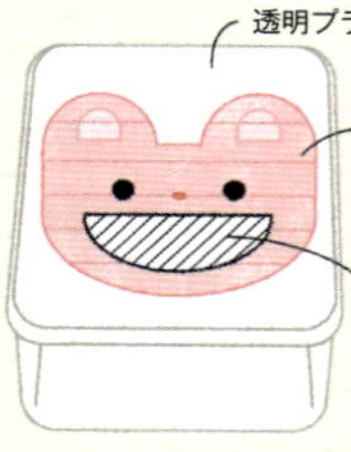
透明プラスチックケース
ビニールテープ
切り取る

軽量紙粘土に絵の具を混ぜて形を作る
油性マーカー

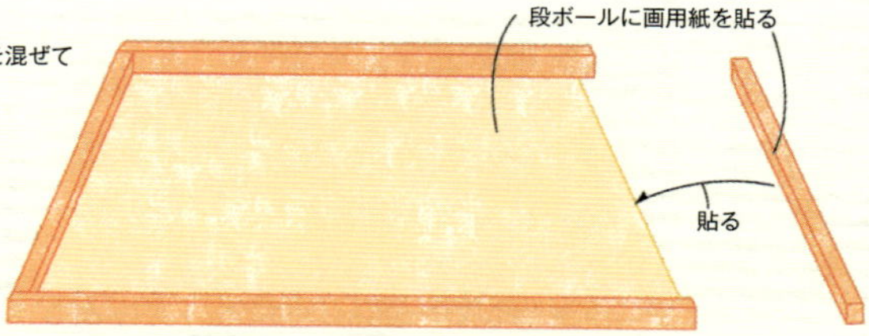
段ボールに画用紙を貼る
貼る

素材

- 透明プラスチックケース
- ビニールテープ
- 軽量紙粘土
- 段ボール
- 画用紙

コピー型紙 P.182

Part 2

好奇心・探究心をはぐくむおもちゃ

好奇心は成長の大きな原動力。子どもが今、
どんなことに関心を持っているかを的確に捉えましょう。
子どもの心がワクワクするようなしかけを作って、
探索活動を広げることが大切です。

子どもの探究心・
知的好奇心を引き出す

探索あそび

歩行が自在になると、周りの環境への探索活動が活発になってきます。子どもらしさの根源ともいえる「これはなんだろう？」という好奇心や発見の喜びを、体験を通して獲得していきます。いたずらと思えるようなあそびを通して知的好奇心が育ちます。

子どもの心の動きをつかむ
探索活動と知育あそび

1 発見の喜び　知りたい気持ちに火をつける

子どもはいたずらが大好き。思わず手が伸びてしまうようなしかけがいっぱいのおもちゃで、「どうなるのかな？」という興味を引きます。やってみて「こうなった！」という発見の喜びと意外性を楽しんでもらいましょう。

つかまえようとすると逃げてしまいます。思いもよらない動きをするのがおもしろくて夢中で追いかけます。

どこにいるのかな？

▶P.64

好奇心に働きかける、いろいろなしかけがついた大きなボックス。友だちとのかかわりも、あそびを広げてくれます。

いたずらボックス

▶P.70

2 想像力を刺激する

引き当てるワクワク感を演出

隠れているものを引き抜いたり、めくったりして引き当てるあそびは、子どもたちの想像力を刺激します。くり返すうちに次第に「こうなるかな？」と予想をたて、そのイメージが当たったりはずれたりすることで、いっそう関心が高まります。

違う絵が隠れているので、何が出てくるか楽しみになって、めくる手が止まらないあそびです。

たまごのあかちゃん出ておいで

▶P.66

なにがつれるかな？

▶P.68

中が暗くて見えないので、ドキドキ感が高まります。磁石には思いがけないものが、思いがけない形でくっつくので、探索活動にぴったりの素材です。

しゃもじの引き抜きあそび

▶P.72

力いっぱい引き抜く動作の楽しさと、しゃもじに絵が描かれていることを発見する喜びが味わえます。また、絵合わせにもできるおもちゃです。

3 知性をはぐくむ

パズルで知性を育てる

2歳になると、ものの形や色、大きさなどに興味を示すようになります。見比べて「同じ！」と発見する喜びから始まり、形や色を合わせるパズルや絵合わせに夢中になるように。あそぶうちに、合うものを選び出す・違いに気づくといった知性が育っていきます。

動物パズル

▶P.74

絵が描いてあることに気づくと、ブロックの向きをあれこれ動かしながら、夢中で絵を完成させます。

あそびのヒント

外あそびは発見の宝庫

園庭や公園などに散歩に出かけましょう。子どもたちはすぐに「あった！」と指さしたり、葉っぱや棒を拾ったり、自然のなかからさまざまな発見をするでしょう。また、触れるここちよさと、形の変わる不思議さに出会える水あそびは子どもたちが大好きなもののひとつ。汗ばむ季節になったら、ぜひ、子どもと水あそびを楽しみましょう。

お散歩バッグ

▶P.62

ペットボトルを使用したバッグを持って散歩に出かけ、宝物を探しに行きましょう。中身が見え、持ち歩けるので、集める満足感とうれしさが味わえます。

水あそび

▶P.76

宝物集めを楽しむあそび

お散歩バッグ

0歳 1歳 2歳

入り口がぎゅっとしめられるので、中身が外に出ることがありません。

入れた物が見えるだけでなく、持ち歩くときの音も楽しめます。

お散歩で見つけた宝物を入れる

思い思いに宝物を集めます。入れた虫をじっと観察する子も。

室内あそびでも、外あそびでも活躍するマイバッグ。入れた物が見えるので、自分で観察したり、保育者や友だちに見せたりする楽しみがあります。

葉っぱも
入れよう

外に行くと落ち葉や小石、小さな虫を入れて歩きたくなります。

観察する

ちゃんと
入っている
かな？

中身を確認するのが楽しい。

素材

- ２ℓのペットボトル
- 布
- 綿ロープ

作り方

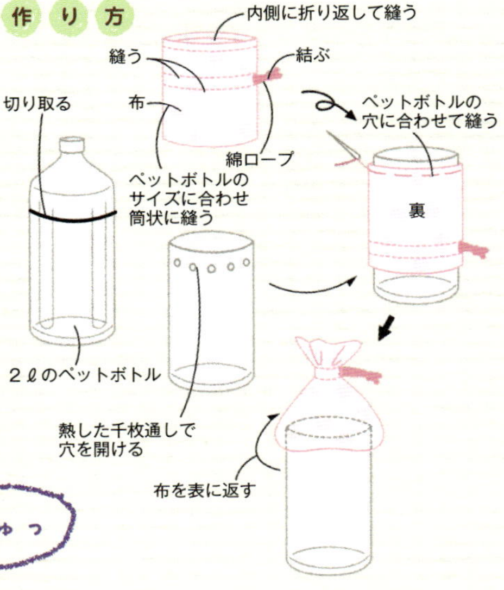

内側に折り返して縫う
縫う
結ぶ
切り取る
布
ペットボトルの
穴に合わせて縫う
綿ロープ
ペットボトルの
サイズに合わせ
筒状に縫う
裏
２ℓのペットボトル
熱した千枚通しで
穴を開ける
布を表に返す

口を閉じる

ぎゅっ

ひもの両端を引っぱって口を閉じます。

探してつかまえるあそび

どこに いるのかな？

制作／ studio・ab

0歳 1歳 2歳

砂に埋まった虫を発見する

虫たちについたひもを砂に隠しておきます。子どもが見つけてつかまえようとすると……。

中に石などを入れて重みを持たせたほうが、引っぱるときにひっくり返りにくい。

プラスチックのカプセルで作った虫やかたつむりが、砂場で隠れたり逃げたり。つかまえようとすると逃げていくので、子どもは夢中で追いかけます。

子どものようすを見ながらひもを引っぱって動かします。

素材

- プラスチックカプセル
- 小石
- 布ガムテープ
- スチロールトレー
- ビニールひも
- 荷造り用透明テープ

作り方

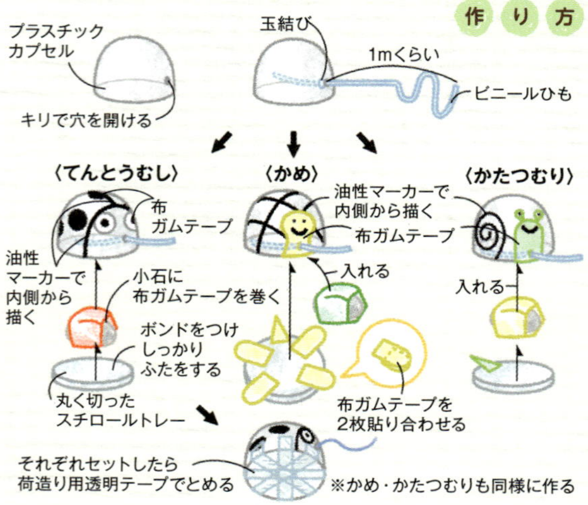

プラスチックカプセル
キリで穴を開ける
玉結び
1mくらい
ビニールひも
〈てんとうむし〉
〈かめ〉
〈かたつむり〉
布ガムテープ
油性マーカーで内側から描く
布ガムテープ
入れる
入れる
油性マーカーで内側から描く
小石に布ガムテープを巻く
ボンドをつけしっかりふたをする
丸く切ったスチロールトレー
布ガムテープを2枚貼り合わせる
それぞれセットしたら荷造り用透明テープでとめる
※かめ・かたつむりも同様に作る

探して追いかける

逃げるので、探して追いかける
ことが探究心につながります。

たまごから何が生まれるかな？

たまごのあかちゃん出ておいで

0歳 1歳 2歳

制作／studio・ab

リボンを引っぱって開けてみます。

段ボールのたまごをめくるあそびです。大きさやもようの違うたまごをめくると、それぞれ違った生き物が現れるので生き物の名前を口にしたくなります。また、形合わせのパズルとしてもあそべます。

めくる

違った生き物が現れるので、次々にめくってみたくなります。

リボンがついているので引っぱりやすく、
乳児もひとりでめくれます。

大小さまざまなたまごをめくった下には、違う生き物の絵が描かれています。

ここかな？

はめる

たまごを元に戻そうと、大きさの見当をつけながら探していきます。

ここだよ！

ぴったりとはまるところを見つけて大満足。

作り方

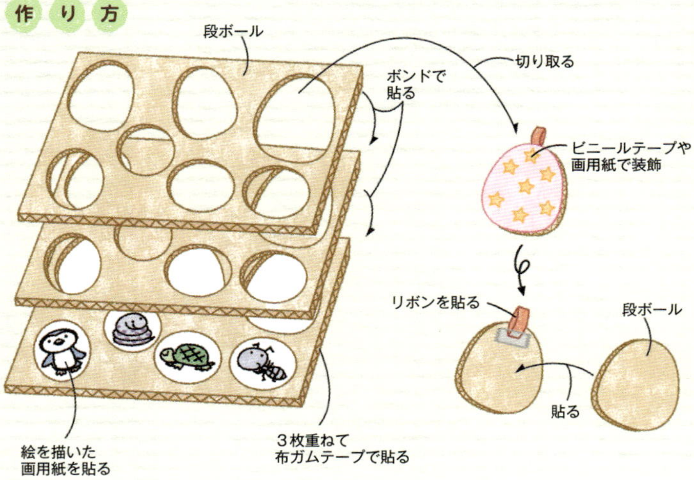
段ボール
ボンドで貼る
切り取る
ビニールテープや画用紙で装飾
リボンを貼る
段ボール
貼る
絵を描いた画用紙を貼る
3枚重ねて布ガムテープで貼る

素材

- 段ボール
- 画用紙
- 布ガムテープ
- リボン
- ビニールテープ

コピー型紙 P.182

磁石を使ったつりゲーム

なにがつれるかな？

0歳 1歳 2歳

つりざおは子どもがにぎりやすい太さのラップ芯などで。

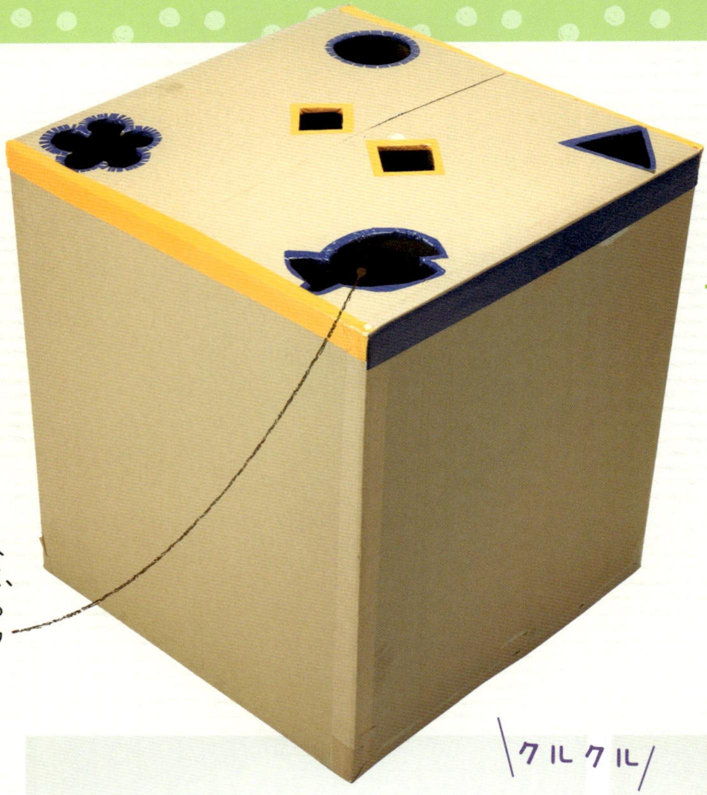

穴ごとに同じ種類の物を入れておきます。穴が小さく、箱が深いので、何がつれるかわからないところが、ワクワク感を盛り上げます。

磁石にくっつく物をたくさん用意して、中をしきった箱から何がつれるかを楽しみます。こっちの穴ではクリップが、あっちの穴ではスプーンが、など、探して手に入れる喜びがいっぱいです。

糸を垂らす

くっついた！

カチッと音がして、何かがくっついた感触がします。

巻き取る

クルクル
よいしょ、よいしょ

両手を使ってひもを巻きつけていきます。

穴ごとに違う種類の物を入れます。クリップはたくさん入れるとくっついて楽しい。

箱の中には……
クリップを貼った画用紙の魚
鈴
キーリング
瓶のふた
クリップ
洗濯ばさみ
マグネット
クリップを貼った画用紙のたこ

素材

- 段ボール箱
- 布ガムテープ
- クリップやスプーンなど鉄製の小物類
- 画用紙
- ラップ芯
- たこ糸
- 磁石
- 板段ボール

作り方

〈箱〉

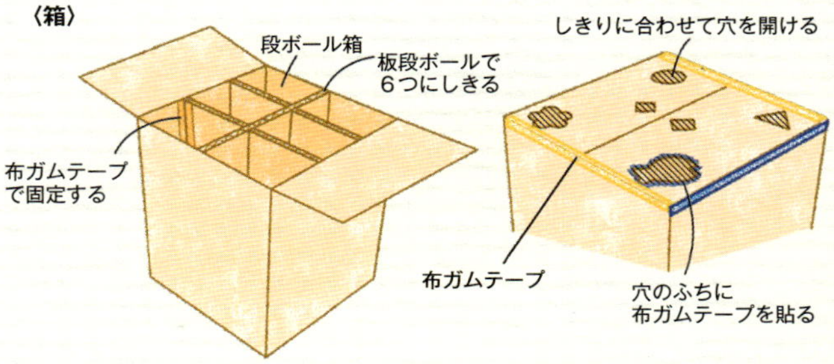

段ボール箱
板段ボールで6つにしきる
布ガムテープで固定する
しきりに合わせて穴を開ける
布ガムテープ
穴のふちに布ガムテープを貼る

〈つりざお〉

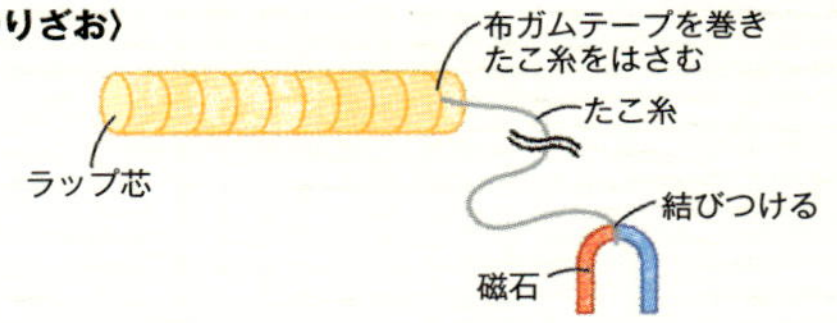

布ガムテープを巻きたこ糸をはさむ
たこ糸
ラップ芯
結びつける
磁石

つれたかな?

つりざおのコントロールに慣れてくると、次は違う穴に挑戦してみたくなります。

あー、つれなかった!
残念!もう一度!

つり上げる前に落ちてしまうこともあるので、最後まで慎重に上げることを覚えます。

つれた!

みんなであそべるしかけがいっぱい

いたずらボックス

制作／ studio・ab

0歳 1歳 2歳

段ボールの４つの側面に、それぞれ子どもの好奇心を刺激するしかけが施されています。箱状にしてあるので安定感があり、１つの面に対して２～３人が同時に、集中してあそぶことができます。

のぞき穴

自分で開けた穴の向こうをのぞき込むドキドキ感が楽しい！

ひものついた丸いパーツを指で押し込むと穴が開き、ひもを引っぱるともとに戻すことができます。

ゴムボール転がし

といを伝って、落ちていくゴムボールの動きを何度もくり返して楽しみます。

かぎ開け

下の扉のかぎを開けると、中に宝物をしまえるスペースが。子どもの好きなおもちゃなどを入れましょう。

上の扉を開けると絵が出てくるしかけ。

作り方

※板段ボールを縦100cm×横60cmで8枚用意し2枚ずつ貼り合わせる

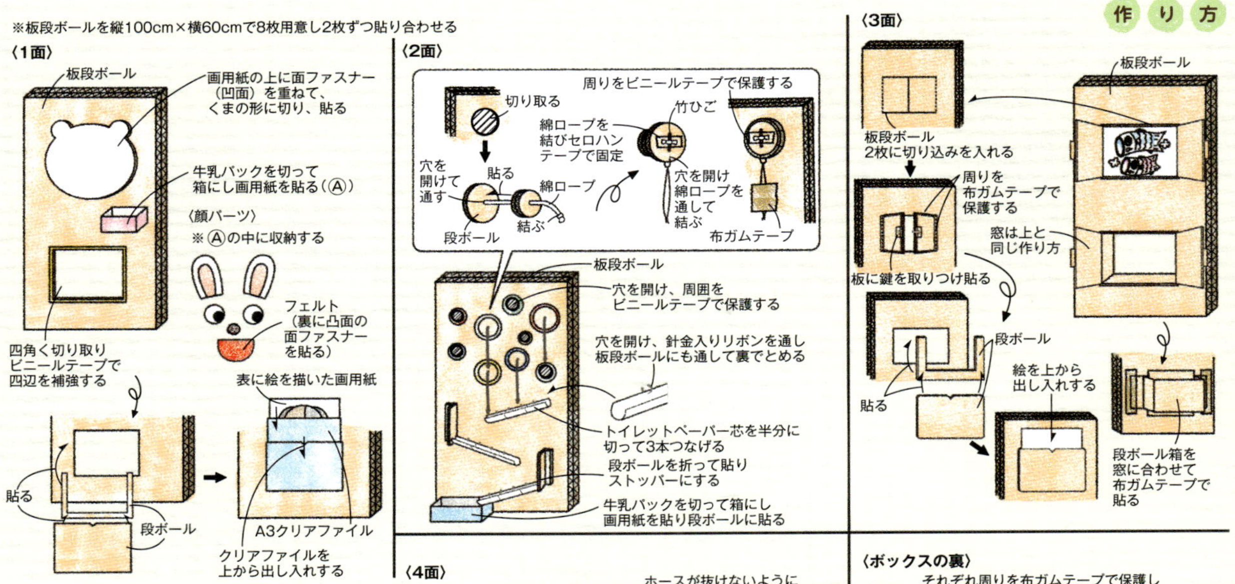
〈1面〉
板段ボール
画用紙の上に面ファスナー（凹面）を重ねて、くまの形に切り、貼る
牛乳パックを切って箱にし画用紙を貼る（Ⓐ）
〈顔パーツ〉
※Ⓐの中に収納する
フェルト（裏に凸面の面ファスナーを貼る）
四角く切り取りビニールテープで四辺を補強する
表に絵を描いた画用紙
貼る
段ボール
A3クリアファイル
クリアファイルを上から出し入れする
〈2面〉
周りをビニールテープで保護する
切り取る
綿ロープを結びセロハンテープで固定
竹ひご
穴を開けて通す
貼る
綿ロープ
結ぶ
段ボール
穴を開け綿ロープを通して結ぶ
布ガムテープ
板段ボール
穴を開け、周囲をビニールテープで保護する
穴を開け、針金入りリボンを通し板段ボールにも通して裏でとめる
トイレットペーパー芯を半分に切って3本つなげる
段ボールを折って貼りストッパーにする
牛乳パックを切って箱にし画用紙を貼り段ボールに貼る
〈3面〉
板段ボール
板段ボール2枚に切り込みを入れる
周りを布ガムテープで保護する
窓は上と同じ作り方
板に鍵を取りつけ貼る
段ボール
絵を上から出し入れする
貼る
段ボール箱を窓に合わせて布ガムテープで貼る

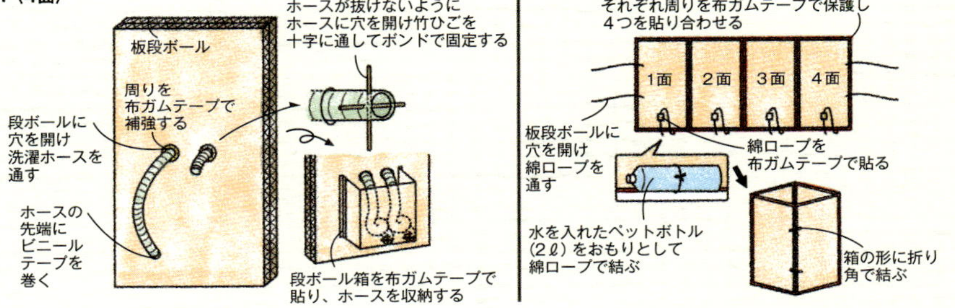
〈4面〉
ホースが抜けないようにホースに穴を開け竹ひごを十字に通してボンドで固定する
板段ボール
周りを布ガムテープで補強する
段ボールに穴を開け洗濯ホースを通す
ホースの先端にビニールテープを巻く
段ボール箱を布ガムテープで貼り、ホースを収納する
〈ボックスの裏〉
それぞれ周りを布ガムテープで保護し4つを貼り合わせる
1面
2面
3面
4面
板段ボールに穴を開け綿ロープを通す
綿ロープを布ガムテープで貼る
水を入れたペットボトル（2ℓ）をおもりとして綿ロープで結ぶ
箱の形に折り角で結ぶ

コピー型紙 P.183

素材

- 板段ボール（本体用に縦100cm×横60cmで8枚用意し2枚ずつ貼り合わせる）
- 綿ロープ
- 水を入れたペットボトル（2ℓ）
- 布ガムテープ
- 面ファスナー
- 画用紙
- 牛乳パック
- フェルト
- A3のクリアファイル
- ビニールテープ
- 竹ひご
- トイレットペーパー芯
- ゴムボール
- 針金入りリボン
- 段ボール箱
- 板
- かぎ
- 洗濯ホース

顔パズル

顔のパーツの裏に面ファスナーがついているので、貼ったりはがしたり、くり返し顔を作れます。

絵の上に貼ってあるビニールテープをはがすと、動物の絵が出てきます。

ゴムホース

長く伸びるホースを引っぱり出して、消防士ごっこや象の鼻にみたてる姿も。

絵を引き当てるドキドキ感に夢中

しゃもじの引き抜きあそび

0歳 1歳 2歳

制作／ピンクパールプランニング

箱に差し込まれたしゃもじをどんどん引き抜いてあそびます。出てくる絵を想像したり、絵合わせをしたりと、あそびが広がります。

箱を手で押さえ、体重をかけながらもう一方の手でしゃもじを思いきり引き抜きます。

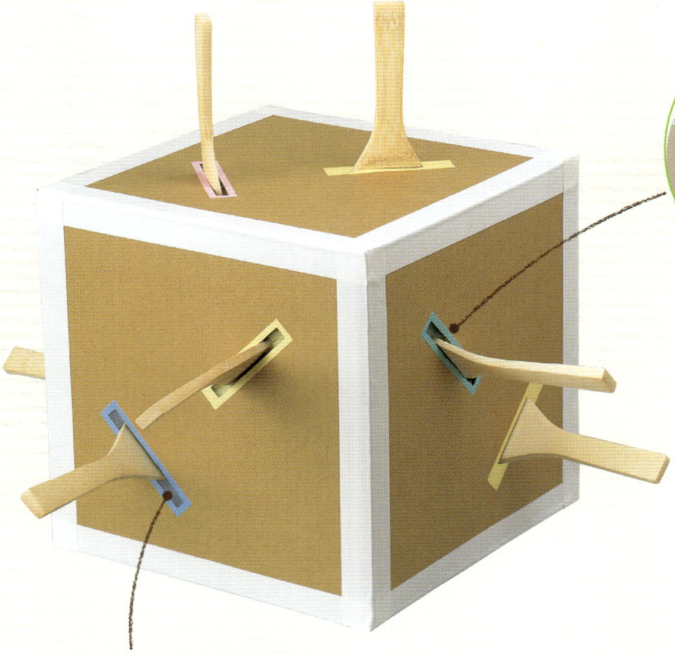

穴の切り口は色紙で覆い、箱のふちには布ガムテープを貼ります。

〈箱の仕組み〉
切り込みを入れたスポンジ

しゃもじが穴の中へ入り込んでしまわないよう、穴の内側にスポンジを貼ってしゃもじを固定します。

同じ絵柄を２つずつ貼ったしゃもじを用意しておきます。引き抜いたしゃもじで絵合わせをしても楽しいですね。

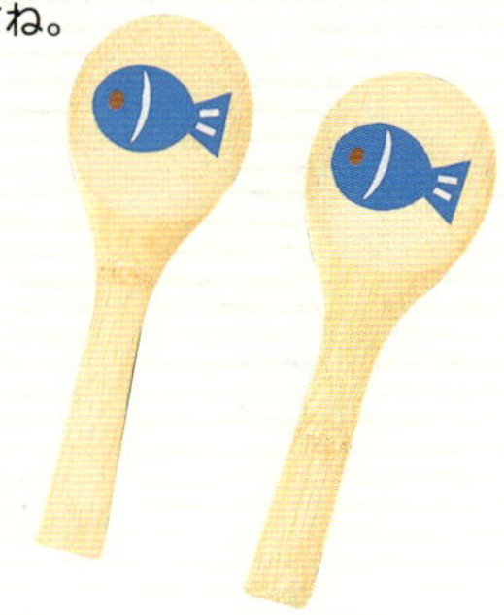

引き抜く

りんごだ！

引き抜いたしゃもじの絵を保育者に伝える姿も。

絵柄であそぶ

同じ絵、
見つけた！

絵柄がペアになっているのに気づき、同じ物をきれいに並べていくようすが見られます。

素材

- 段ボール
- しゃもじ
- スポンジ
- タックシール色紙
- 折り紙
- 布ガムテープ

コピー型紙 P.183

作り方

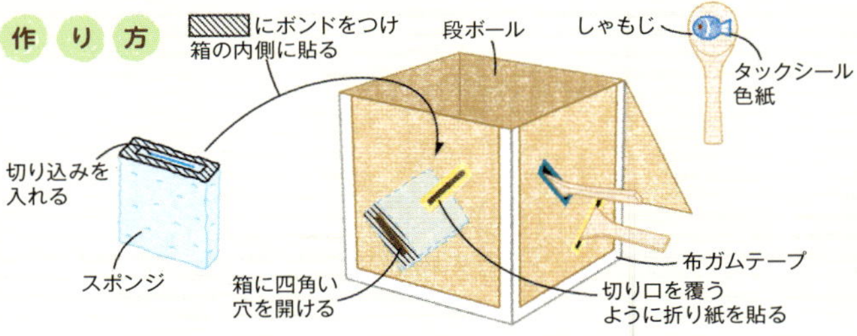
にボンドをつけ箱の内側に貼る
段ボール
しゃもじ
タックシール色紙
切り込みを入れる
スポンジ
箱に四角い穴を開ける
布ガムテープ
切り口を覆うように折り紙を貼る

大きなブロックをつなげると動物に

動物パズル

制作／タバサナオミ

0歳 1歳 2歳

感触のやわらかい立方体のブロックに動物の絵を貼り、絵合わせをしてあそびます。指先を使う小さなパズルと違って、腕や体全体を使うダイナミックな楽しさがあります。

コピー用紙に描いた動物をラミネートフィルムで補強します。

動物の背景の色を、数種類ずつ同じ色にすることで、色だけでなく絵柄を考えながら絵合わせをすることが必要になります。

並べる

絵の面を上にして、ばらばらに置きます。

素材

- ソフトブロック
- ラミネートフィルム
- コピー用紙
- 荷造り用透明テープ

作り方

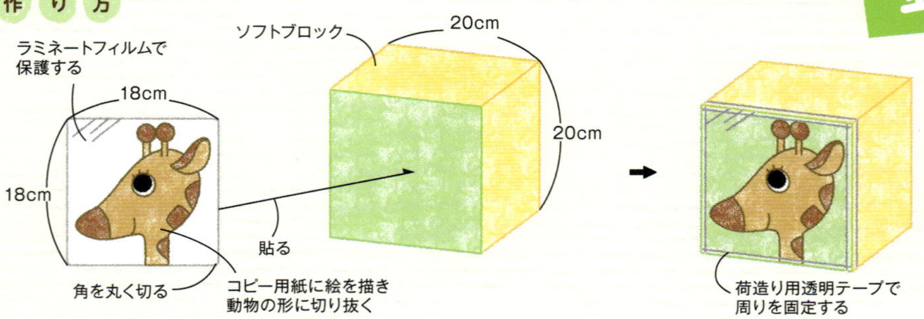

ラミネートフィルムで保護する
18cm
18cm
角を丸く切る
コピー用紙に絵を描き動物の形に切り抜く
貼る
ソフトブロック
20cm
20cm
荷造り用透明テープで周りを固定する

コピー型紙 P.184

絵合わせをする

動物の絵が描かれていることに気づき、何度もブロックの向きを変えて、絵柄の合う位置を探します。

ひとつの絵柄ができると、次々に新しいブロックに挑戦していきます。

一列に進む

絵合わせをしてブロックを一列に並べると、その上をまたいで進んでいくあそびが始まりました。

水の観察で好奇心が動きだす

水あそび

日ざしが強くなり汗ばむ季節、いろいろな水あそびを楽しめるような環境づくりをくふうしましょう。流れる水を見ているだけでも楽しいですが、きっと子どもたちはじっとしていられず、流れに手をかざしたり、土や葉っぱを拾ってきて落としたりしはじめます。タイヤの水たまりでは、〝ポッチャーン〟という音を楽しんだり、「なんで沈んじゃうのかな」「不思議だなあ」という好奇心を養うことになるでしょう。

大きめの耳が取っ手になります。

ホースの鼻は長めと短めを用意して、子どもが好きなものを選べるようにしましょう。

じょうごの口から入れた水が、どんな動きをするかを観察できる水あそび。ぞうさんの鼻から出てくる水に注目する子、ひたすら水を入れることに専念する子など、2歳児の豊かな個性が発揮されます。

ぞうさんの鼻から水が出てくる

ぞうさんじょうご

制作／ studio・ab

0歳 1歳 2歳

保育者にじょうごを持ってもらい、ホースから水が出てくるのを触って確かめます。

水を注ぐ

みんなでいっしょにたらいから水くみ。自分のぞうさんじょうごに水をどんどん注ぎます。

保育者に水を入れてもらい、じょうごを通って出た水をひしゃくで受けることを考えつく子も。

素材

- 1.5ℓのペットボトル
- 荷造り用透明テープ
- ビニールテープ
- ホース（直径17mm）
- カラー工作用紙
- 丸シール

作り方

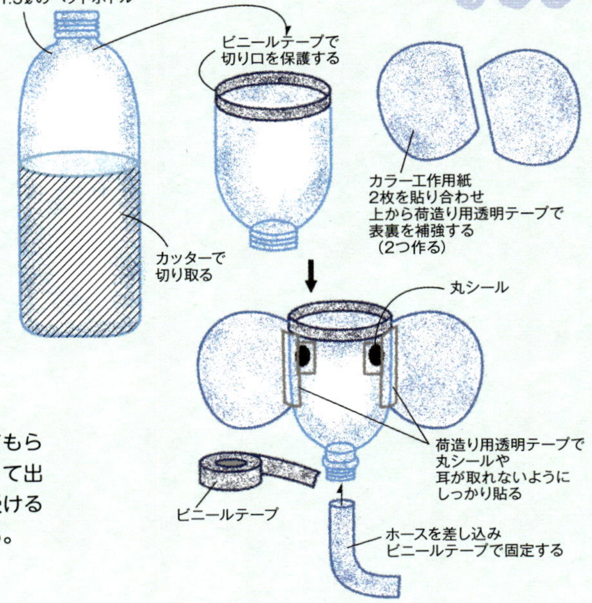
1.5ℓのペットボトル
カッターで
切り取る
ビニールテープで
切り口を保護する
カラー工作用紙
2枚を貼り合わせ
上から荷造り用透明テープで
表裏を補強する
（2つ作る）
丸シール
荷造り用透明テープで
丸シールや
耳が取れないように
しっかり貼る
ビニールテープ
ホースを差し込み
ビニールテープで固定する

小さなプールで水とあそぼう

タイヤプール

0歳 1歳 2歳

古タイヤにビニールをかぶせて水を注ぐだけで、小さなプールができます。おもちゃの船を浮かべたり、水をすくったり、かけたり、水に親しむあそびが楽しめます。泥水をつくるなど、泥を取り入れてあそびを発展させてもよいですね。

水に触れる

手を入れて水の感触を確かめたり、ひしゃくですくった水を手にかけたりしてあそぶ姿が見られました。

発泡スチロールに、旗のついたつまようじをさして固定した船。

船を浮かべる

船や葉っぱを浮かべてあそびます。上から水をかけて船を動かそうとする子も。

流れる水の不思議に触れる

牛乳パックの川

0歳 1歳 2歳

船を流す

保育者がといに船をおいて水を注ぐと、船が流れていくようすを真剣に見つめます。L字のといを組み合わせてコースをつくることで、船の動きの変化も楽しめます。

切った牛乳パックをつなげて、長いといにします。やや傾斜をつけて設置し、ホースで水を注いで流れをつくります。おもちゃや葉っぱを流してあそびましょう。

作り方

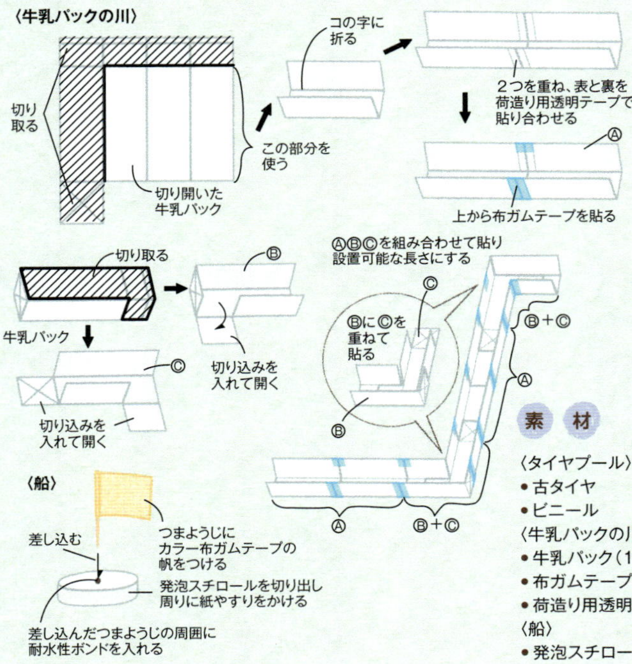
〈牛乳パックの川〉
切り取る
切り開いた牛乳パック
この部分を使う
コの字に折る
2つを重ね、表と裏を荷造り用透明テープで貼り合わせる
Ⓐ
上から布ガムテープを貼る
切り取る
牛乳パック
Ⓑ
Ⓒ
切り込みを入れて開く
切り込みを入れて開く
ⒶⒷⒸを組み合わせて貼り設置可能な長さにする
Ⓑに©を重ねて貼る
Ⓑ+Ⓒ
Ⓐ
〈船〉
差し込む
つまようじにカラー布ガムテープの帆をつける
発泡スチロールを切り出し周りに紙やすりをかける
差し込んだつまようじの周囲に耐水性ボンドを入れる

素材

〈タイヤプール〉
- 古タイヤ
- ビニール

〈牛乳パックの川〉
- 牛乳パック（1ℓ）
- 布ガムテープ
- 荷造り用透明テープ

〈船〉
- 発泡スチロール
- つまようじ
- カラー布ガムテープ

葉っぱを流す

葉っぱをといの中に入れ、ひしゃくで水を流す姿。支点にタイヤプールを使うと、子どもがその場でひしゃくに水をすくうことができます。

回転しながら流れる水がおもしろい

くるくるシャワー

制作／ピンクパールプランニング

0歳 1歳 2歳

まわった！

牛乳パックにたっぷり水を注ぐと、シャワーのように水を散らしながらクルクルと回転します。水の不思議な動きに思わず見入ってしまいます。

回転しながら水が出るようすに夢中になります。

4つのストローからまわりながらシャワー状に水が流れ落ちます。

素材

- 牛乳パック（1ℓ）
- 曲がるストロー
- たこ糸
- ビニールテープ
- 布ガムテープ

作り方

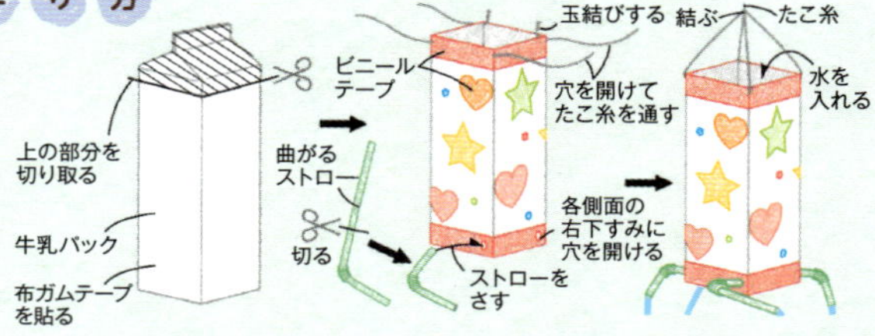
上の部分を切り取る
牛乳パック
布ガムテープを貼る
曲がるストロー
切る
ビニールテープ
玉結びする
穴を開けてたこ糸を通す
各側面の右下すみに穴を開ける
ストローをさす
結ぶ
たこ糸
水を入れる

Part 3

体を動かすおもちゃ

子どもの運動機能の発達のプロセスに沿って、
成長を援助するおもちゃを提案します。
保育者や友だちとふれあいながら、
思いっきり体を動かしてあそびましょう。

人とのかかわりを楽しみながら
運動発達を促す

体を動かすあそび

乳児の運動発達には、P.83「あそびのヒント」のように、だれにも共通の道すじ（順序性）があります。その道すじを理解し、その時々にどんな援助が必要かを確認していきましょう。保育者が自分の体を使って楽しくかかわりながら、ともにふれあい、響き合う体と心を大切にしていくことも重要です。

発達の道すじに沿って運動機能をサポート！

おおむね5～6か月 寝返り

首を動かして周りを見まわしたり、腰をひねったりすることができるようになると、寝返りが始まります。うつぶせ姿勢になり、顔を上げることで視界が広がり、周りのものに一段と興味も広がっていきます。人に頼らず自力で体を動かすことができる喜びこそ、発達の原動力です。

ゆらゆらクッション

▶P.90

子どもを寝かせ、スキンシップをとりながら左右に揺らします。楽しい動きが自然に寝返りを促します。

おおむね7～10か月 はいはい

おなかを床につけ、頭を上げた体勢で、両手両足を上げたり、目の前にある玩具に手を伸ばし、前進しようとしたりする姿は、はいはいの準備段階。興味のあるものを少し離れたところに置き、子どもが〝取ってみたい〟という気持ちを示したとき、保育者が手のひらで足の裏を支えると、足のけりと腕の力で前進するようになります。

ころがるガラガラ

▶P.92

触れるだけで転がっていくので、歓声をあげて追いかけていきます。転がしながら音を楽しむことができるのも魅力です。

おおむね10～11か月 つかまり立ち、伝い歩き

目の高さにある玩具であそぶようになると、今度は壁や棚につかまって立ち上がるようになります。よく転倒するので、周囲に危ないものがないか気をつけましょう。足の筋力や背筋力、バランス感覚が急速に発達していき、立ったまま移動を始めます。これが伝い歩きです。

箱の上面におもちゃがついているので、立った姿勢のまま集中して楽しくあそべる遊具です。

つかまり立ちテーブル

▶P.94

あそびのヒント

随意運動の順番を理解しよう

乳児の運動発達は、最初は頭部に近いところから随意運動（自分の意志で動かすこと）が始まります。生後2か月で追視が可能になると、首（首すわり）→腰（寝返り）→骨盤（お座り）→ひざ（はいはい）→足首（つかまり立ち・歩行）へと随意運動の可能な部位が発達していきます。

おおむね11か月～

歩く

転んでも立ち上がり歩くことをくり返すうちに歩行が安定し、移動距離も長くなっていきます。歩行が可能になることにより、自分の意志で自分の行きたいと思ったところに行ける喜び、言いかえれば自分の欲求、目当て、感情が歩くことによって目覚ましく育っていきます。また、歩行により手が自由になるので、両手を使いながら外界の探索を楽しんだり、物を押したり、あるいは持って歩いたりするなど、行動の喜びが広がっていきます。

歩行の安定していない子どもも、取っ手につかまって押して歩けます。

押して歩く
▶P.96

透明のボウルに入ったおもちゃが動くのが楽しくて、思わず引っぱりながら歩いてしまうおもちゃです。

引っぱって歩く
▶P.97

おおむね1歳10か月～

全身を動かす

走る・くぐる・積む・運ぶなど、より自在に、複雑に動けるようになってきたら、友だちや保育者とコミュニケーションをとりながら、全身を使うあそびを取り入れます。自分の手足や体を使って子どもがあそぶことで変形し、想像力をかきたて、多様に使える遊具を用意します。体と心の一体的な躍動感を養っていきましょう。

トンネル型の大型遊具で友だちといっしょに体を動かしてあそびます。

大きなトンネル
▶P.100

みんなで動かしたり、みたてたりして、ダイナミックなあそびを楽しめる大きな積み木です。

牛乳パックの積み木
▶P.104

つかんで投げる

布を好きなだけつかんで
投げるのが楽しい。

ふわふわの布であそぼう

色いろプール

制作／阪本あやこ

0歳 1歳 2歳

段ボールの囲いの中に入れた、色とりどりのオーガンジーの布であそびます。布を使ったいないいないばあやかくれんぼなど、保育者とのかかわりによって、子どもたちは安心感と満足感を得られます。

オーガンジーを床が見えないくらい敷き詰めて。軽い、やわらかい、透けるなどの特性があそびの幅を広げます。

囲いがあることで、特別なあそび場所としての気分が高まります。新聞紙の支柱で補強しているので、子どもがつかまってもつぶれません。

落ちてくる

オーガンジーは軽くてやわらかいので、投げ上げるとフワフワと落ちてきます。

ビニール袋にオーガンジーを入れて口を結べば、軽くて鮮やかなボールに変身！

布であそぶ

透かして向こうを見るのが楽しくて、かぶったり取ったりをくり返しています。

素材

- 段ボール
- 布ガムテープ
- 厚手の布
- オーガンジー（できるだけ多色・大量）
- 新聞紙

作り方

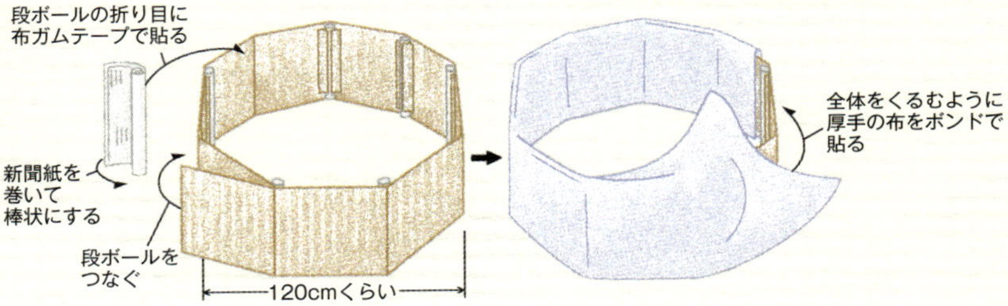

布と歌につられて体が動く

ちゅっちゅこっこ

0歳 1歳 2歳

オーガンジーの布を使って、わらべうた「ちゅっちゅこっこ」に合わせてあそびます。ふわふわと宙に舞うのが目にも楽しく、布をつかもうと、跳んだり背伸びをしたり、全身を使って楽しめます。

「ちゅっちゅこっこ」に合わせて

保育者が「ちゅっちゅこっこ」を歌いながら布を握り、「とんでけー」の部分で、天井に向かって手を離します。ゆっくりと落ちてきた布を子どもが追いかけます。

♪ちゅっちゅこっこ　わらべうた

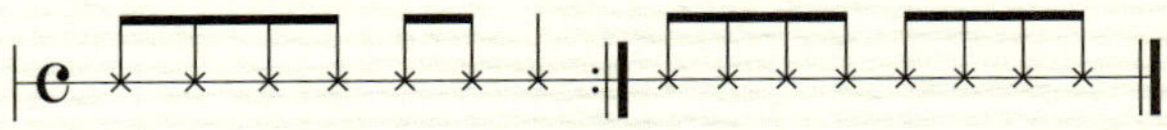
ちゅっちゅこっこ と ま れ
(何度かくり返す)
と ま らにゃと ん でけー
(終わるときに)

♪ちゅっちゅこっこ
とまれ、
とまらにゃ……

つかまえられるかな？

くるみを包んだオーガンジーを使うと、重みがあるので、落ちてくるスピードが速まります。

オーガンジーの中央に、くるみを入れて輪ゴムでとめたもの。くるみの周りは別のオーガンジーで包み、感触を和らげます。

素材
- オーガンジー
- くるみ
- 輪ゴム

♪うえから したから
おおかぜ こい
こい こい こい

かぶせる

布の両端を持って、歌いながら子どもたちの上にかぶせます。

「うえから　したから」のわらべうたを歌いながら、大判の布を上下させます。体を思いきり使ってあそびながら、イメージをふくらませることができます。

大きな布に想像力が広がる

「大風来い」あそび

0歳 1歳 2歳

♪うえから　したから　わらべうた

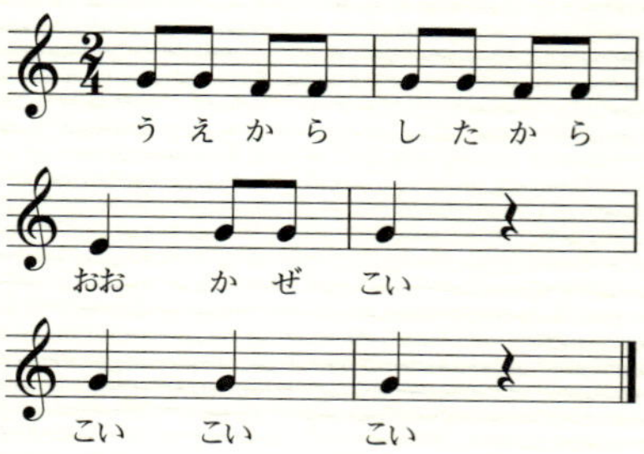
うえから　したから
おお　かぜ　こい
こい　こい　こい

軽い素材なので、2枚縫い合わせて大判にしたほうが布の動きがきれいに出ます。

キャー

持ち上げる

歌いながら、優しくふわっと持ち上げます。

イメージを広げる

消えちゃったよ

布の中に隠れたり……。同じあそびをくり返しながらイメージをふくらませ、あそびを発展させていきます。

素材

- ポリエステルの布（250cm×60cmを2枚）

作り方

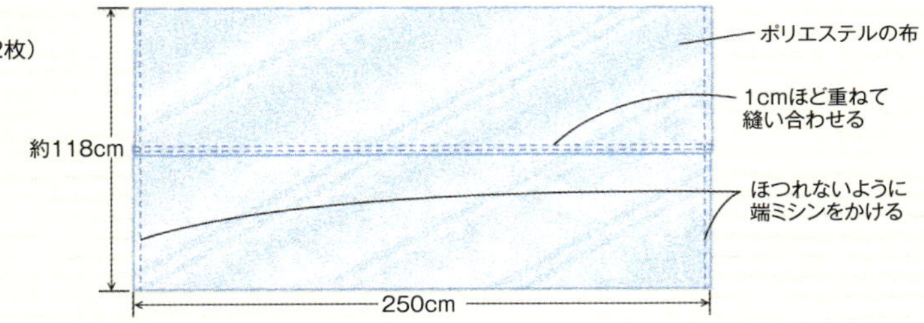
ポリエステルの布
1cmほど重ねて縫い合わせる
約118cm
ほつれないように端ミシンをかける
250cm

寝かせて揺らす

子どもを寝かせ、クッションの持ち手を持って、左右に優しく揺らします。

大きなクッションに持ち手をつけると、保育者との対面あそびや、友だちとのあそびに大活躍します。左右に優しく揺らし、保育者が歌をうたったり、声をかけたりと、楽しい動きが自然に寝返りにつながっていきます。

保育者とふれあいながら体を動かす

ゆらゆらクッション

制作／ピンクパールプランニング

0歳 1歳 2歳

左右についた大きめの持ち手がポイント。

素材

- キルティング生地
- 綿

作り方

〈持ち手〉

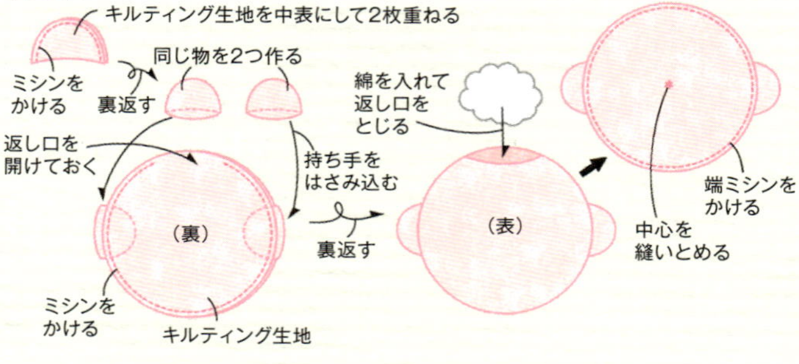

キルティング生地を中表にして2枚重ねる
ミシンをかける
裏返す
同じ物を2つ作る
返し口を開けておく
持ち手をはさみ込む
（裏）
ミシンをかける
キルティング生地
裏返す
綿を入れて返し口をとじる
（表）
端ミシンをかける
中心を縫いとめる

いもむしごろごろ

いーもーむーしー
ごーろごろ～♪

「いもむしごろごろ」を歌いながら左右にゆっくり揺らします。

♪ いもむしごろごろ　わらべうた

♩=116
い も む し ご ろ ご ろ
ひょ う た ん ぽっ く り こ

寝返り

揺れに慣れてきたら、腹部を支え、片側に大きく傾けます。

ごろ～ん

うまく体の向きを変えられるように、手で体を支えます。

目の前のガラガラを夢中で追いかける

ころがるガラガラ

0歳 1歳 2歳

シンプルなくり返しの柄にすることで、転がったときにもようがきれいに見えます。

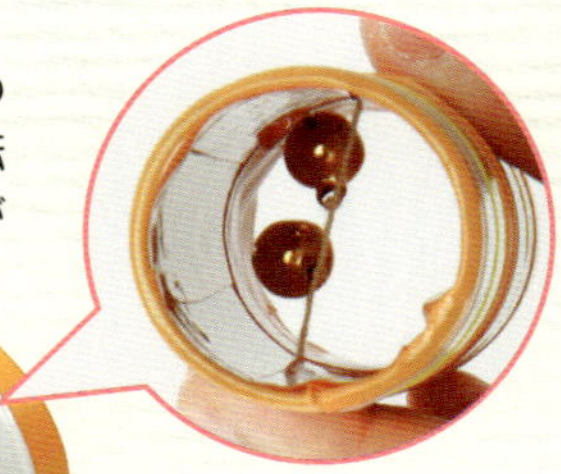

たこ糸に通した鈴がリンリンと優しい音を奏でます。

音がするね
リンリン♪

手に取る

手に取ると音がするので、みずから触ってみたいという意欲を高めます。

子どもの手に握りやすい大きさで、音を楽しむだけでなく、床や斜面で転がしてあそぶこともできます。0歳のはいはいの時期に必要な運動面の発達を促し、好奇心をはぐくむおもちゃです。

コロコロ♪

追いかける

床に転がすと、はいはいで追いかける姿が見られます。運動面の発達を助け、探索活動を促します。

素材

- アルミはくの芯や堅めのトイレットペーパー芯
- 布ガムテープ
- ビニールテープ
- 鈴
- たこ糸

作り方

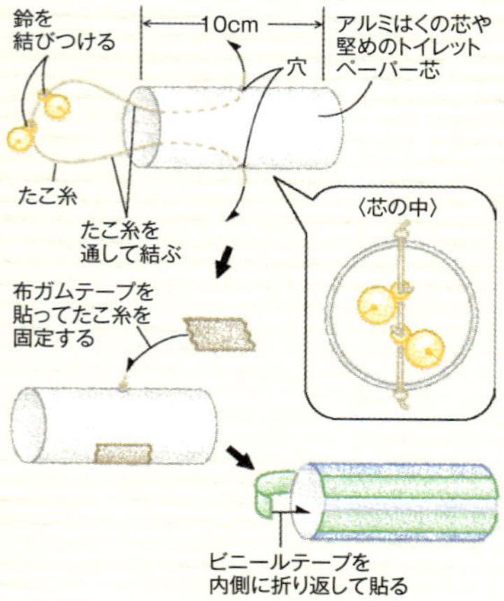
鈴を結びつける
10cm
アルミはくの芯や堅めのトイレットペーパー芯
穴
たこ糸
たこ糸を通して結ぶ
〈芯の中〉
布ガムテープを貼ってたこ糸を固定する
ビニールテープを内側に折り返して貼る

中身のキラキラに興味津々

キラキラペットボトル

0歳 1歳 2歳

握ったり転がしたりすると、ペットボトルの中の水といっしょにキラキラのビーズやスパンコールが動いて、子どもの興味をかきたてます。つかみやすい形なので、まだ握力の弱い子も簡単に動かせます。

握る

2つのペットボトルの中央を握って振ると、上下に行き来する水の動きが感じられます。

ペットボトルどうしの口は、取れないようにしっかりと固定して。

水の量を少なめにすることで、水の動きを観察しやすく、持って動かしやすくもなります。

見る

中身のキラキラが気になってじっと見つめます。

転がす・つかむ

うつぶせの子も、転がしたおもちゃをつかみたくて手を伸ばします。

素材
- 200mℓのペットボトル
- ビニールテープ
- ビーズやスパンコール

作り方

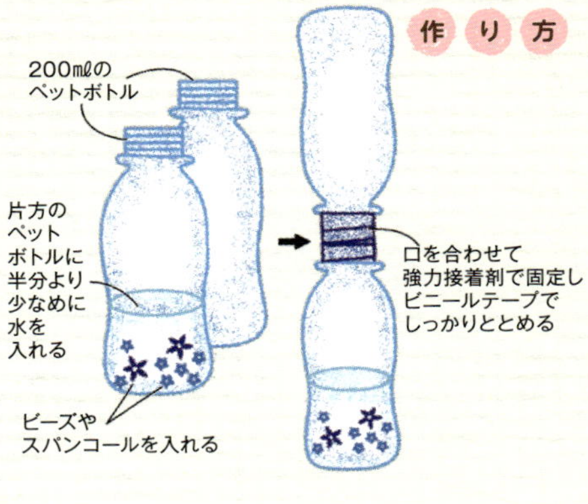

あそびながらつかまり立ちや伝い歩きを促す

つかまり立ちテーブル

制作／studio・ab

0歳 1歳 2歳

はがす

面ファスナーをはがすときは、指先に力が必要です。4つのモチーフがついているので、ふたりで並んであそんでいました。

表裏に面ファスナーがついたフェルトの食べ物を、つけはずししてあそびます。

めくる

指先を使って、やわらかい布の窓を次々にめくります。

布製の窓をめくると、かわいい動物が現れます。

落とす

ボールを持って、上部の穴にくり返し落とします。

ボールを入れておく箱が側面についています。

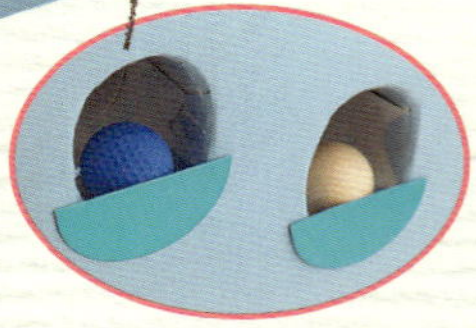

箱の上部からボールを入れると、筒を通って側面の穴から出てきます。取り出してまた転がして、くり返しあそべます。

4つつながった箱の上部に、立ち上がってあそびたくなるおもちゃが取りつけられています。立ったまま夢中になってあそぶことが、つかまり立ちや伝い歩きを促します。

作り方

コピー型紙 P.185

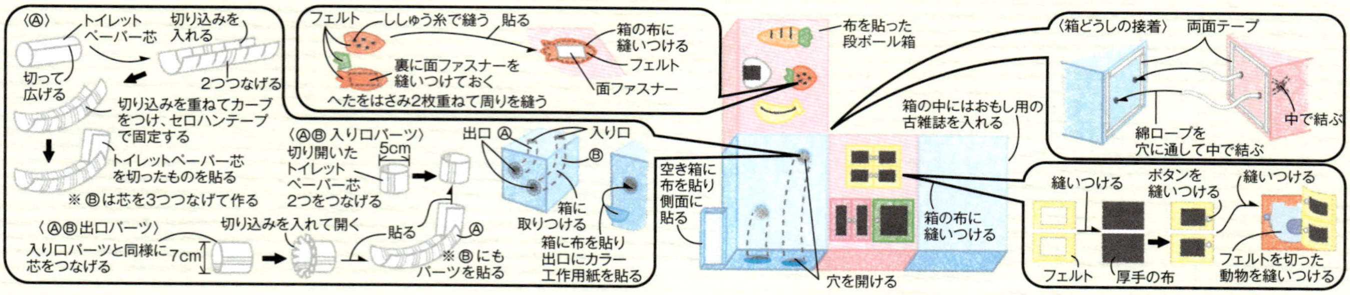

〈Ⓐ〉
トイレットペーパー芯
切り込みを入れる
切って広げる
2つつなげる
切り込みを重ねてカーブをつけ、セロハンテープで固定する
トイレットペーパー芯を切ったものを貼る
※Ⓑは芯を3つつなげて作る
〈ⒶⒷ出口パーツ〉
入り口パーツと同様に芯をつなげる
7cm
切り込みを入れて開く
貼る
Ⓐ
※Ⓑにもパーツを貼る
〈ⒶⒷ入り口パーツ〉
切り開いたトイレットペーパー芯2つをつなげる
5cm
出口 Ⓐ
入り口
Ⓑ
箱に取りつける
箱に布を貼り出口にカラー工作用紙を貼る
フェルト
ししゅう糸で縫う
貼る
裏に面ファスナーを縫いつけておく
へたをはさみ2枚重ねて周りを縫う
箱の布に縫いつける
フェルト
面ファスナー
布を貼った段ボール箱
箱の中にはおもし用の古雑誌を入れる
空き箱に布を貼り側面に貼る
穴を開ける
箱の布に縫いつける
〈箱どうしの接着〉
両面テープ
綿ロープを穴に通して中で結ぶ
中で結ぶ
縫いつける
ボタンを縫いつける
縫いつける
フェルト
厚手の布
フェルトを切った動物を縫いつける

伝い歩き

行きたい場所に向かって、箱に手をはわせながら伝い歩きをします。

素 材

- 段ボール箱
- 布
- フェルト
- カラー工作用紙
- 面ファスナー
- ボール（ゴム製、木製のものなど）
- トイレットペーパー芯
- ボタン
- おもし用の古雑誌
- 綿ロープ
- ししゅう糸
- 両面テープ
- 空き箱
- 厚手の布

つかまり立ち

ひじで箱に体重をかけながら、つかまり立ちをします。

つかまりながら安定して歩ける押し車

押して歩く

制作／ピンクパールプランニング

0歳 1歳 2歳

子どもが体重を預けられるよう、取っ手はしっかりと取りつけます。

人形やおもちゃを入れたまま、押して歩ける車です。歩行の安定していない子も、車の取っ手につかまりながら押して進むことができます。

おもちゃを運んで歩く

お気に入りのおもちゃを入れて保育者のところまで運んでいました。

作り方

〈押し車〉

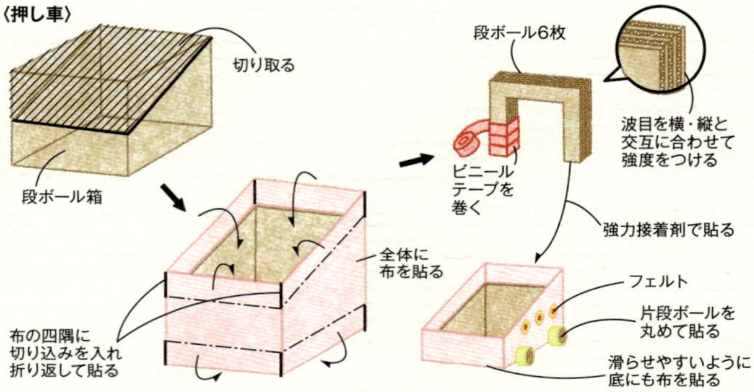
切り取る
段ボール箱
段ボール6枚
ビニールテープを巻く
波目を横・縦と交互に合わせて強度をつける
強力接着剤で貼る
全体に布を貼る
布の四隅に切り込みを入れ折り返して貼る
フェルト
片段ボールを丸めて貼る
滑らせやすいように底にも布を貼る

素材

- 段ボール箱
- 布
- ビニールテープ
- フェルト
- 片段ボール
- 段ボール

物の動くようすが楽しくて引っぱる

引っぱって歩く

制作／佐藤ゆみこ

0歳 1歳 2歳

半透明のプラスチックボウルに入ったカラフルなボールや鈴をのせた引き車。引っぱって歩くたびに、ボウルの中で転がったり音を出したりするのが楽しいおもちゃです。

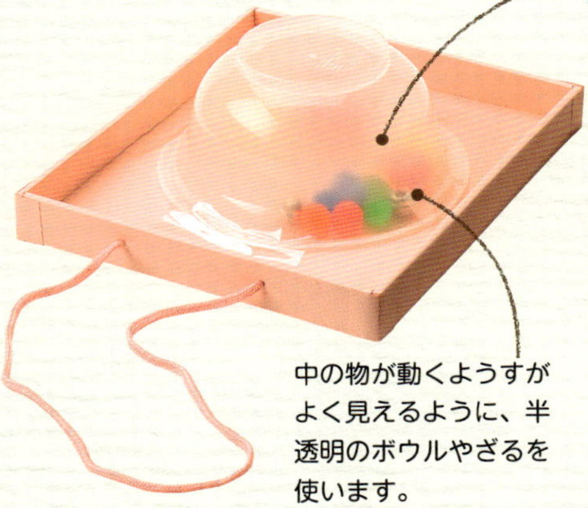

色のきれいなゴムボール、音がするキャットボールや鈴など、数種類を交ぜて入れます。

中の物が動くようすがよく見えるように、半透明のボウルやざるを使います。

引っぱって歩く

持ち手を持って引っぱりながら歩きます。

中を確認する

ボウルをじっと見て、中の物の動きを確認しようとしていました。

作り方

〈引き車〉

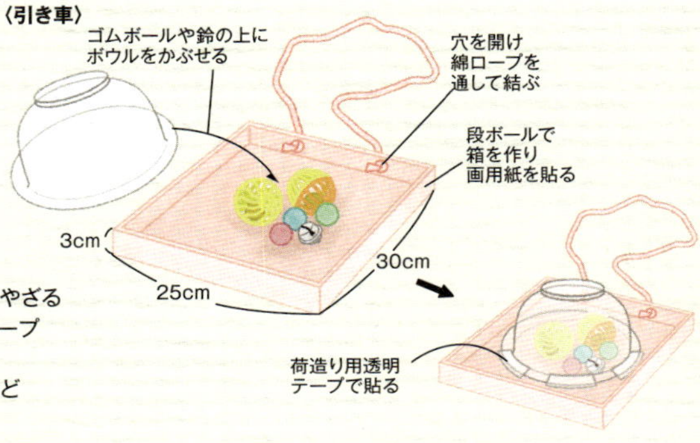

素材

- 段ボール
- 画用紙
- 半透明のボウルやざる
- 荷造り用透明テープ
- ゴムボール、鈴、キャットボールなど
- 綿ロープ

布の中に感触の違うさまざまな素材を入れてつなげます。その上を歩いたり触ったりして、全身で感触を楽しめるマットです。

感触の違いを全身で楽しもう

歩いて感じて楽しむマット

制作／studio・ab

0歳 1歳 2歳

歩く

歩いたり、慣れてくれば走ったりして楽しみます。

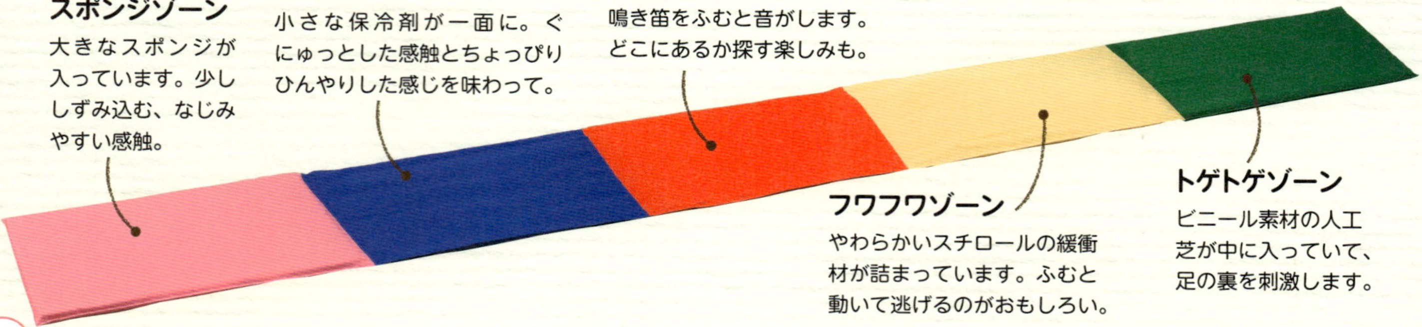

スポンジゾーン
大きなスポンジが入っています。少ししずみ込む、なじみやすい感触。

プニプニゾーン
小さな保冷剤が一面に。ぐにゅっとした感触とちょっぴりひんやりした感じを味わって。

ピーピーゾーン
鳴き笛をふむと音がします。どこにあるか探す楽しみも。

フワフワゾーン
やわらかいスチロールの緩衝材が詰まっています。ふむと動いて逃げるのがおもしろい。

トゲトゲゾーン
ビニール素材の人工芝が中に入っていて、足の裏を刺激します。

はいはいで

1歳児は慎重にはいはいから始めます。

音がする！

感触を楽しむ

2歳児になると、各ゾーンの違いを確かめながら楽しみます。

気持ちいい！

全身で楽しむ

お気に入りの場所に寝転がるなど、全身を使ってあそびます。

素材

- 布
- スポンジ
- 保冷剤
- 鳴き笛
- フリース生地
- ビニール素材の人工芝
- スチロールの緩衝材
- 強力両面テープ

作り方

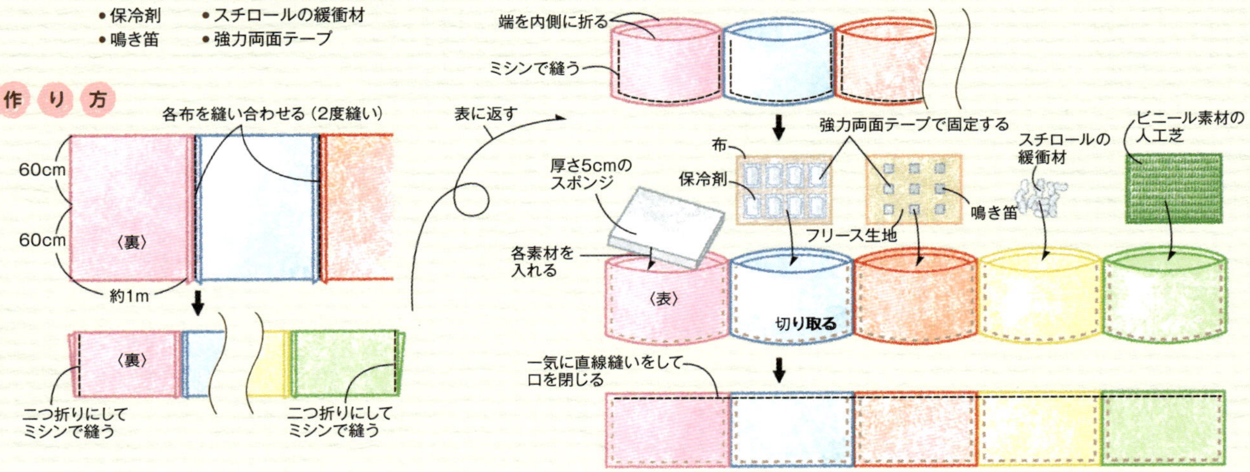
各布を縫い合わせる（2度縫い）
60cm
60cm
〈裏〉
約1m
〈裏〉
二つ折りにしてミシンで縫う
二つ折りにしてミシンで縫う
表に返す
端を内側に折る
ミシンで縫う
強力両面テープで固定する
布
保冷剤
厚さ5cmのスポンジ
鳴き笛
スチロールの緩衝材
ビニール素材の人工芝
フリース生地
各素材を入れる
〈表〉
切り取る
一気に直線縫いをして口を閉じる

全身で楽しめる大型遊具

大きなトンネル

制作／阪本あやこ

0歳 1歳 2歳

たくさんの窓がついた、トンネル型の大型遊具です。みんなでもぐったり、穴から顔を出したり、たくさんの動きが生まれます。

座る

のぞいたり、顔を出したりしたくなる大小の窓をいくつか作ります。

補強の柱があり、じょうぶな構造なのでみんなで腰かけることもできます。

出入り口と中央部分に補強の柱を入れているので、子どもがのったり、もたれたりしても安心です。

もぐる

トンネルを見ると、みんなで列になり、順番にもぐりはじめます。

トンネルの高さは、子どもがはいはいをして通れるくらいに。

のぞく

いた！

のぞき窓から友だちや保育者を探して、目が合うとにっこり。

友だちと同じところから顔を出したくなります。

のぼる

よいしょ！

ひとりが窓に足をかけてよじのぼると、次々にまねを始めます。

素材
- 段ボール
- 布
- 布ガムテープ
- 紙管
- 不織布リボン

作り方

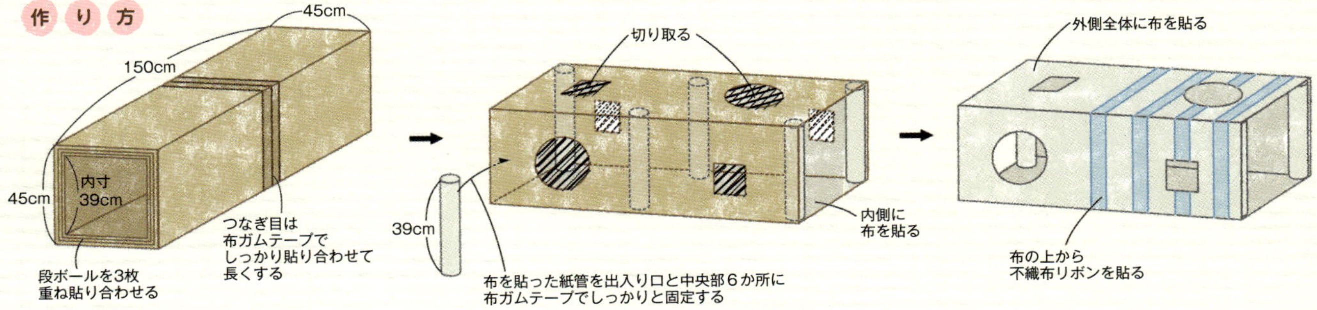
45cm
150cm
45cm
内寸
39cm
段ボールを3枚
重ね貼り合わせる
つなぎ目は
布ガムテープで
しっかり貼り合わせて
長くする
切り取る
39cm
布を貼った紙管を出入り口と中央部６か所に
布ガムテープでしっかりと固定する
内側に
布を貼る
外側全体に布を貼る
布の上から
不織布リボンを貼る

くぐったり入ったり全身であそぼう

牛乳パックのトンネル

制作／阪本あやこ

0歳 1歳 2歳

取りはずし可能なカーテンをつけて。オーガンジーなので透けて見えて安心。

たたんでコンパクトにしまえます。

じゃばらのパーティションになったりひとつの大きなトンネルになったりと、形を変化させてあそべるおもちゃです。カーテンをめくってあそぶことで、友だちとのコミュニケーションも生まれます。

くぐる

じゃばらに広げたジグザグのトンネルをくぐります。

広げてダイナミックに使うこともできます。牛乳パックには新聞紙をしっかり詰めてあるので、のってもつぶれないじょうぶさです。

少したたんで、トンネルに厚みをつけます。友だちも、だれが出てくるのか興味津々。

全部たたんで長いトンネルに。くぐる距離が長くなって、探索の楽しみもアップ。

中に入る

おふろ
だよー

そのまま縦にすると、真ん中が穴に。中に入ってあそぶことができます。

作り方

素材

- 牛乳パック
- 新聞紙
- 布ガムテープ
- オーガンジー
- 布
- 面ファスナー

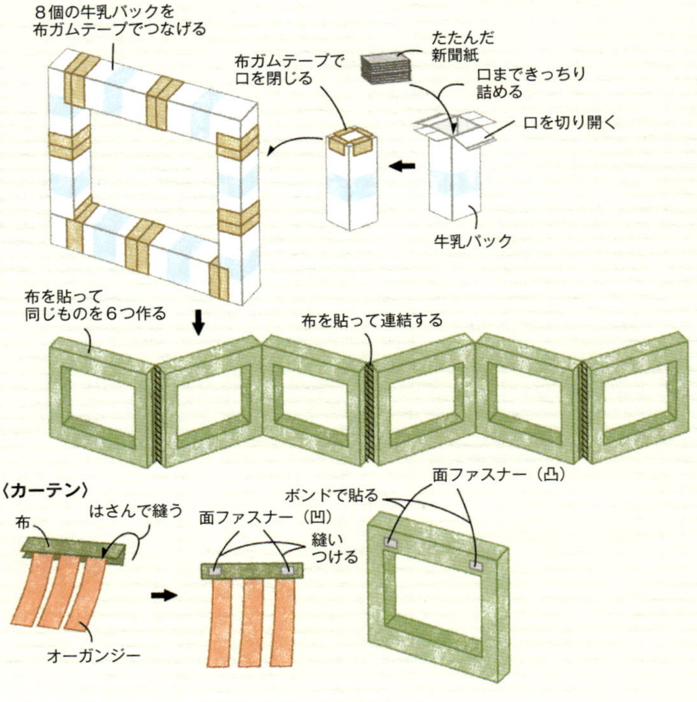
8個の牛乳パックを
布ガムテープでつなげる
布ガムテープで
口を閉じる
たたんだ
新聞紙
口まできっちり
詰める
口を切り開く
牛乳パック
布を貼って
同じものを6つ作る
布を貼って連結する
〈カーテン〉
布
はさんで縫う
オーガンジー
ボンドで貼る
面ファスナー（凹）
縫い
つける
面ファスナー（凸）

２種類の大きさの積み木を使い、さまざまなあそびができます。積み上げたり、みたてあそびをしたり、あそびが次々に広がっていきます。

積む

積み木を持つと、すぐに積み重ねはじめました。ダイナミックに積み木が崩れると、大喜び。

大きな積み木からあそびが生まれる

牛乳パックの積み木

制作／佐藤ゆみこ

0歳 1歳 2歳

大小の積み木は同系色で色分けをすると、どちらの大きさを使っているかがひと目でわかります。

シャワーにみたてたり、動物のしっぽになったり、自由な発想が生まれる小道具も用意しましょう。

崩れた～！

よいしょ!

運ぶ

適度な重さがあるので、自分で運ぶ満足感があります。

くぐる

低めにトンネルを作り、腹ばいで進みます。みんなで一列になって進むのが楽しい。

歩く

道のように積み木を並べると、その上を歩きだしました。小道具をバトンのように持って歩く子も。

おふろあそび

四角く囲むように積み木を並べると、大きなおふろに。小道具をシャワーにして、かけ合う姿も見られました。

素材

- 牛乳パック
- 布ガムテープ
- 布
- ラップ芯
- すずらんテープ
- ビニールテープ
- 両面テープ

作り方

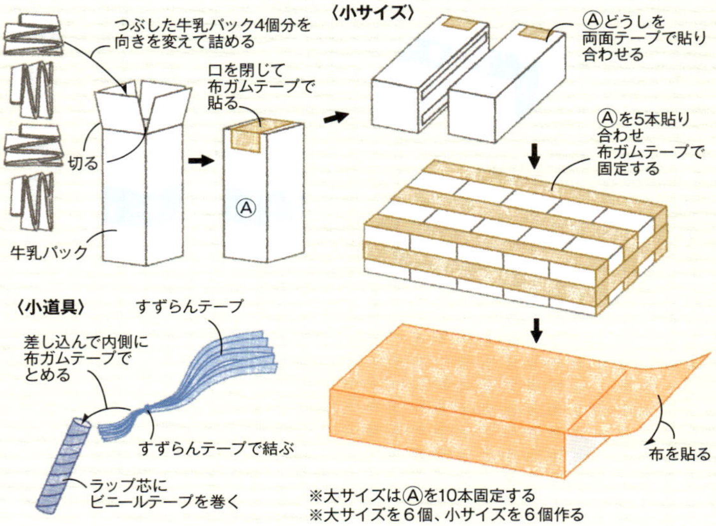
つぶした牛乳パック4個分を向きを変えて詰める
切る
牛乳パック
口を閉じて布ガムテープで貼る
Ⓐ
〈小サイズ〉
Ⓐどうしを両面テープで貼り合わせる
Ⓐを5本貼り合わせ布ガムテープで固定する
布を貼る
〈小道具〉
すずらんテープ
差し込んで内側に布ガムテープでとめる
すずらんテープで結ぶ
ラップ芯にビニールテープを巻く

※大サイズはⒶを10本固定する
※大サイズを6個、小サイズを6個作る

円柱形の積み木が上半身の運動を促す

コロコロ積み木

キャラクターイラスト／すぎやままさこ

0歳 1歳 2歳

シンプルな円柱形の積み木。お座り中心の子どもたちも、振ったり、転がしたり、積み重ねたり、ひっくり返したりと、あそびが広がります。

裏はすべて同柄で作っておきます。表は動物や果物、花や車など子どもたちの好きな物の絵を、それぞれ2つ1セットにしていくつか作ります。

転がす

横にして転がすあそびは、腕を伸ばす運動につながります。

鳴らす

音がする！
リンリン♪

鈴やビー玉の音を聞こうと、腕をしっかり振ります。

ここから聞こえる

ぼくも
積む！

積む

上に積むには、指先でしっかりつかむ動作が必要。タワーのバランスをとりながら積み上げます。

ワンワン
あった！

絵合わせ

全部を裏にしておいて、同じ動物を当てるあそびも。裏返すときは手首をうまく使って。

作り方

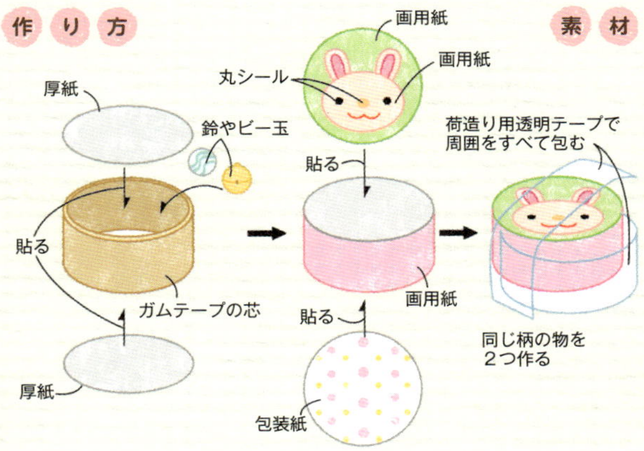
厚紙
鈴やビー玉
貼る
ガムテープの芯
厚紙
画用紙
画用紙
丸シール
貼る
画用紙
貼る
包装紙
荷造り用透明テープで
周囲をすべて包む
同じ柄の物を
2つ作る

素材

- ガムテープの芯
- 画用紙
- 包装紙
- 荷造り用透明テープ
- 厚紙
- 丸シール
- 鈴、ビー玉など

コピー型紙
P.186

転がるようすにつられて体を動かす

木の実ころころ

0歳 1歳 2歳

木の実やゴムボールなどがころころと道を転がっていくのが楽しいおもちゃ。下まで転がるようすが見えるので、何度もくり返したくなります。

転がるようすがよく見えるように、道は間隔をあけながらバランスよく配置します。

転がす物は、いろいろな種類を用意することで、転がるスピードや音が変わるのを楽しめます。

自分の置いた物が転がるようすを、目でじっと追いかけます。

落ちてくるボールを受け止めようと、下で待ち受ける子も。

道の途中に穴を作れば、小さい木の実などがそこから落ちる楽しさも。

作り方

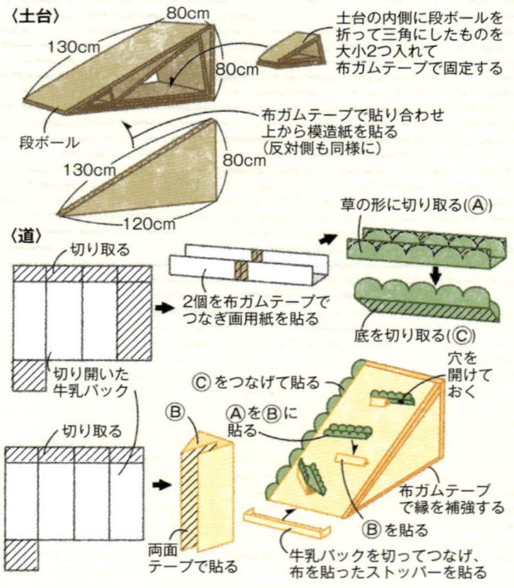
〈土台〉
80cm
130cm
80cm
土台の内側に段ボールを折って三角にしたものを大小2つ入れて布ガムテープで固定する
段ボール
布ガムテープで貼り合わせ上から模造紙を貼る（反対側も同様に）
130cm
80cm
120cm
〈道〉
切り取る
2個を布ガムテープでつなぎ画用紙を貼る
草の形に切り取る(Ⓐ)
底を切り取る(Ⓒ)
切り開いた牛乳パック
Ⓒをつなげて貼る
穴を開けておく
Ⓑ
Ⓐを Ⓑに貼る
切り取る
布ガムテープで縁を補強する
Ⓑを貼る
両面テープで貼る
牛乳パックを切ってつなげ、布を貼ったストッパーを貼る

素材

- 段ボール
- 模造紙
- 牛乳パック
- 画用紙
- 布
- 布ガムテープ
- 木の実、ゴムボール、キャットボールなど

Part 4

みたて・ごっこあそび

みたてやごっこあそびは自らのイメージの世界を模倣し、
再現するあそびです。
「やってみたい」という子どもの気持ちを引き出し、
イメージを共有しましょう。

あこがれの人やものになって
あそぶ楽しさ

みたて・ごっこあそび

子どもは、あこがれているおとながすることや自分が経験したこと、絵本やテレビで見て印象的だったことなどをイメージとして蓄え、再現してあそびます。保育者は子どもがイメージしていること、どんなことにあこがれているかをしっかり捉え、それを実現できるような環境づくりをしてみましょう。何にでもなれる、想像力の世界であそぶ楽しみを味わっていきます。

模倣は自己表現の第一歩
子どものイメージを的確につかみましょう

あそびは子どもの自己表現。0・1・2歳児たちは、どんな願いや求め(内的メッセージ)を抱きながら生活しているのでしょうか？

おかあさんになってお料理作りをしている子、「ウー、カンカン」と大きな声で消防自動車に乗って張りきっている子、どの子どもも身近なおとなの言動に強い関心を持っているようです。人はいつもだれかと心を通い合わせて生きていくことを求めています。想像力が発達してきた子どもたちは、あこがれの人やものをじっと見つめ、「おもしろそうだな、ぼくもやってみたいな」と思いながらイメージとして蓄え、それに近い状況に出会うと早速「まねっこあそび」を始めます。この模倣あそび（みたて・ごっこあそび）こそ、人とつながりたい、その人と一体化したいと願う子どもたちの心のなかから生まれ出るあそびです。

みたてあそび

布など身近なものを使って、イメージを再現してあそびます。みたてあそびは、子どものイマジネーションを広げる力になります。また、状況に応じて物を適切に選び使用することや、いろいろなものを関連づけ、工夫することにつながります。

へび・ぞう

▶P.112

布を子どもたちが大好きな動物にみたてたあそびです。想像力をかきたてながら、いっしょになってはしゃいだりふれあったりする楽しさを満喫しましょう。

ごっこあそび

「ごっこあそびは子どものあこがれのフィクショナルな体験」といわれます。みたてあそびの経験を積むうちに、「これはお皿ね」といった物のみたて、「今は夜」「ここは海」といった状況のみたて、そして役割分担のあるごっこあそびに発展します。子どもの「なりたい」という能動的な欲求を友だちとかかわりながら満たせるよう、イメージを広げ、あそびが楽しくなる環境を用意しましょう。

園医さんの健康診断の翌日には、必ずといってよいほどこの模倣あそびが展開されます。聴診器、飲み薬などのほか、いらなくなった白いYシャツを白衣として用意してもよいでしょう。

病院ごっこ

▶P.126

乗り物ごっこ

▶P.128

運転士になったつもりでハンドルを動かしている子に「あら、運転士さん、どこまで行くんですか？」などと聞き、そのイメージを理解してあげると、自分の思っていること、考えていることを大切にしてくれたと感じ、いっそうそれらしい表現をするようになります。

包装紙で包んだ箱や紙袋に入れたおみやげをデパートなどの紙袋に入れ、「おみやげを買ってきましたよ」などと言って子どもたちにひとつずつ配ってください。子どもに取らせてもよいですね。ワクワクしながら開けることでしょう。

おみやげごっこ

▶P.136

変身ハンカチ

▶P.116

シンプルな四角い布を自由にみたててあそびます。子どものようすを観察し、やりとりを楽しみながら、興味のあるものにみたてるなど、イメージを広げましょう。

ペットボトルの車に気持ちを託して走らせるあそびです。いっしょに走らせるうちに、連結したり、人形をのせたり、友だちとのかかわりやことばのやりとりが生まれます。

ペットボトルカー

▶P.122

あそびのヒント

保育者が言語化し、イメージの共有を

みたて・ごっこあそびでは、特に子どものイメージを引き出す声かけを心がけましょう。1・2歳児は、ことばで自分のイメージや考えていることを十分に表現できないことも多いもの。おのおのの子どもが思い描いていることを保育者が「今、おばけになったのね」などと理解し言語化することで、周りの子どもたちにもそのイメージが伝わります。そうして共通のイメージを確立することで、ごっこあそびに発展していきます。

ドキドキ感がたまらない

へび

0歳 1歳 2歳

布を巻いたものをつなぎ合わせ、ビニールテープで数か所とめていきます。赤いオーガンジーの舌をはさみ、画用紙の目、ビニールテープのもようを貼れば完成。

布に簡単なあしらいを加えることで、さまざまなみたてあそびへと展開していきます。布をつなぎ合わせればへびに。先端には赤いオーガンジーをはさみ、舌にみたてます。

へび発見!

布のへびを、大きな布の下に隠しておきます。すぐにへびだと気づいて、おそるおそる引っぱり出そうとします。

ひとりの子が勢いよく引っぱり出すと、周りの子も集中して見つめていました。

追いかけっこ

保育者が「へびだ!」と言ってへびを握って追いかけると、うれしそうに逃げまわっていました。

保育者がぞうに変身！

ぞう

0歳 1歳 2歳

保育者が大きなフリースをかぶり、腕を鼻にみたてたぞうさん。ユーモラスな動きでなりきり、全身で子どもたちとふれあいましょう。

ぞうさんとあそぼう

いいこ、いいこ！

「ぞうさんと握手してみようか」の声かけに次々と手を出す子どもたち。

ぞうの背中を優しく子どもたちがなでると、鼻にみたてた片手を上げてこたえます。

背中にのる

「ぞうさんがのせてくれるって」のことばに、ひとりずつ順番に背中にのっていました。

作り方

〈へび〉

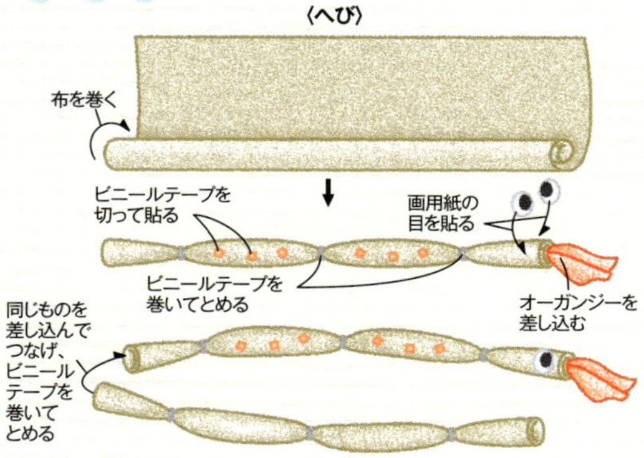
布を巻く
ビニールテープを切って貼る
画用紙の目を貼る
ビニールテープを巻いてとめる
オーガンジーを差し込む
同じものを差し込んでつなげ、ビニールテープを巻いてとめる

〈ぞう〉

フリースをかぶせる
細く切ったフリースを手に巻く

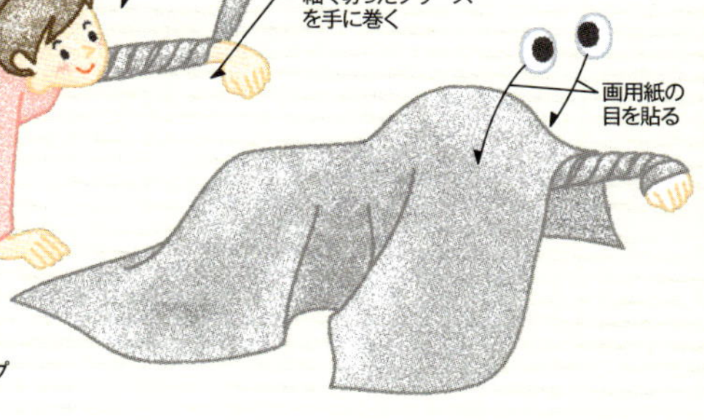
画用紙の目を貼る

素材

- フリース
- 布
- 画用紙
- オーガンジー
- ビニールテープ

友だちも同じかっこうをしているので、ひらひら……とだれかがはばたきだすと、すぐにみんな同じ動きを始めます。

ひらひらの布の羽ではばたこう

ちょうちょうマント

0歳 1歳 2歳

子ども一人ひとりが背中に羽をつけて、ちょうちょうになってあそびます。友だちと同じかっこうをすることで、やりとりも生まれます。

制作／阪本あやこ

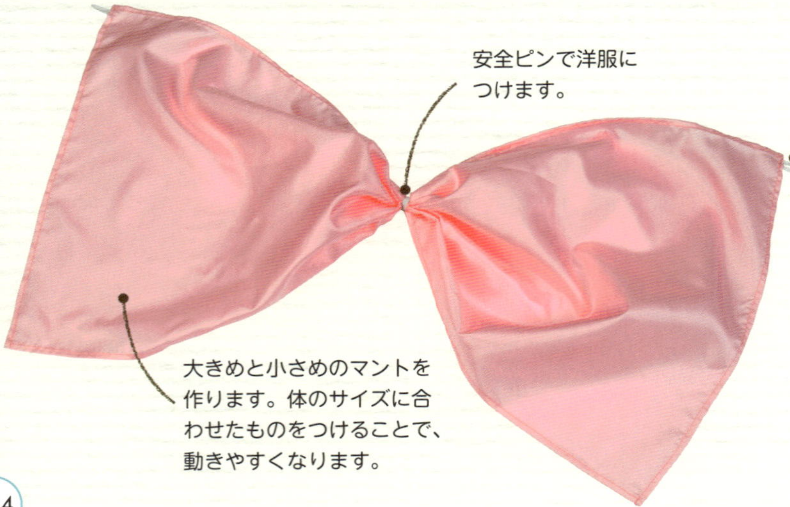

安全ピンで洋服につけます。

羽の端に指を通す平ゴムをつけます。

大きめと小さめのマントを作ります。体のサイズに合わせたものをつけることで、動きやすくなります。

モールで作った触角をつけると、よりイメージをふくらませやすくなります。

ピタッ

前
後ろ

2枚の大きな羽が
背中でひらひら。

ちょうちょうになりきって、
楽しいやりとりが生まれます。

お花のみつを
いっぱい
飲んだね！
おやすみ
なさ～い
おなか
いっぱい！

「ちょうちょうさんが花にとまるよ」と声をかけると、近くのものにとまったり。

素材

- ポリエステルの布
- 平ゴム
- 安全ピン
- モール
- 画用紙
- 輪ゴム
- ビニールテープ
- 丸シール

作り方

〈羽〉

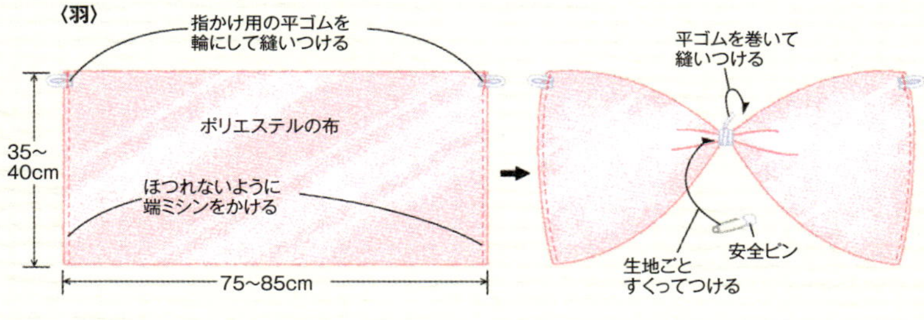

指かけ用の平ゴムを
輪にして縫いつける
ポリエステルの布
35～
40cm
ほつれないように
端ミシンをかける
75～85cm
平ゴムを巻いて
縫いつける
生地ごと
すくってつける
安全ピン

〈触角〉

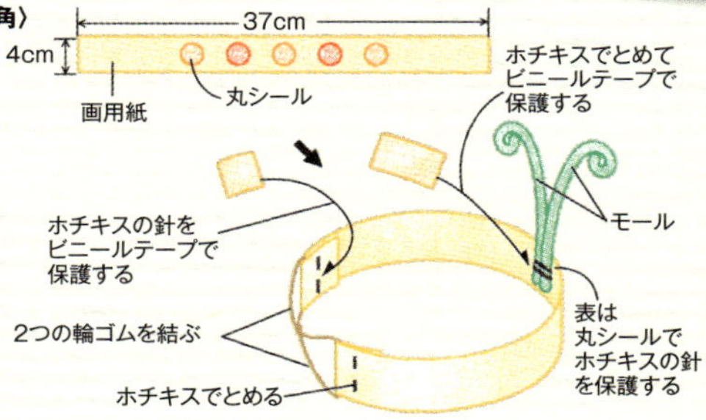

37cm
4cm
画用紙
丸シール
ホチキスでとめて
ビニールテープで
保護する
ホチキスの針を
ビニールテープで
保護する
モール
2つの輪ゴムを結ぶ
表は
丸シールで
ホチキスの針
を保護する
ホチキスでとめる

布を折ってイメージを広げよう

変身ハンカチ

制作／タバサナオミ

0歳 1歳 2歳

大きめの四角い布を、いろいろな形に折ったり丸めたりすることで何かにみたててあそびます。子どもの興味のあるものにみたてると、より盛り上がります。

何が出てくるかな？

広げて……

あー、おいしい！

三角にたたんで……

くまさんのサンドイッチ！

もっと小さくたたんで……

ねずみさんのサンドイッチ！

レタス、はさんだよ！

布を入れていた袋も使えます。

サンドイッチにみたてて

小さくなった！

ピザにみたてて

何作る？
ピザ！

布の端を折れば大きなピザにだって変身します。

作り方

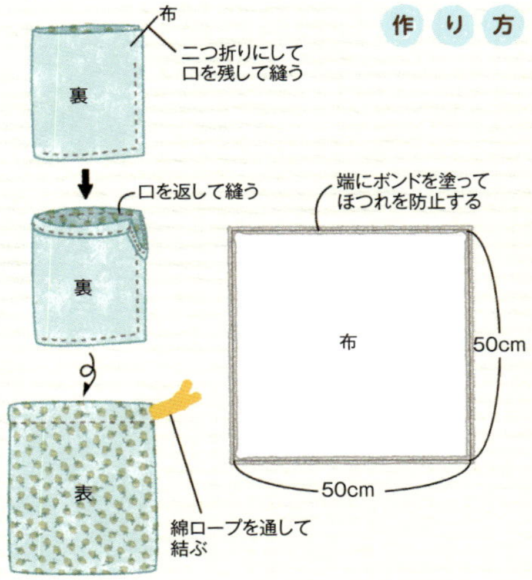
布
二つ折りにして口を残して縫う
裏
口を返して縫う
裏
表
綿ロープを通して結ぶ
端にボンドを塗ってほつれを防止する
布
50cm
50cm

素材

- 布
- 綿ロープ

食べるまねっこも大好きです。

おいしいピザ、いただきまーす！

よーい、どん！

みんなでミニカーレースに熱中！

ミニカーサーキット

制作／阪本あやこ

0歳 1歳 2歳

段ボールで作る、傾斜のあるサーキットです。途中にトンネルやこぶがあり、ゴールまでの距離も長いので、走らせる満足感がいっぱいです。

片段ボールや画用紙のトンネルから、車が出てくるようすを楽しめます。

レーンの色が分かれているので、自分の車がどこを走っているのか、わかりやすい！

途中で道が２つに分かれるしきりや段差で、変化をつけます。

ミニカーを走らせる

コースを決めてスタンバイ。どの子も自分の好きな色のコースにしたいため、自己主張や譲り合いが見られます。

はい！
ありがと！

勢いよくかけ下りるミニカーを追いかけるなど、夢中になってあそびます。

走らせた車をつかまえて、友だちに渡す子も。

素材

- 大型の段ボール箱
- 段ボール
- 布ガムテープ
- 片段ボール
- 画用紙

作り方

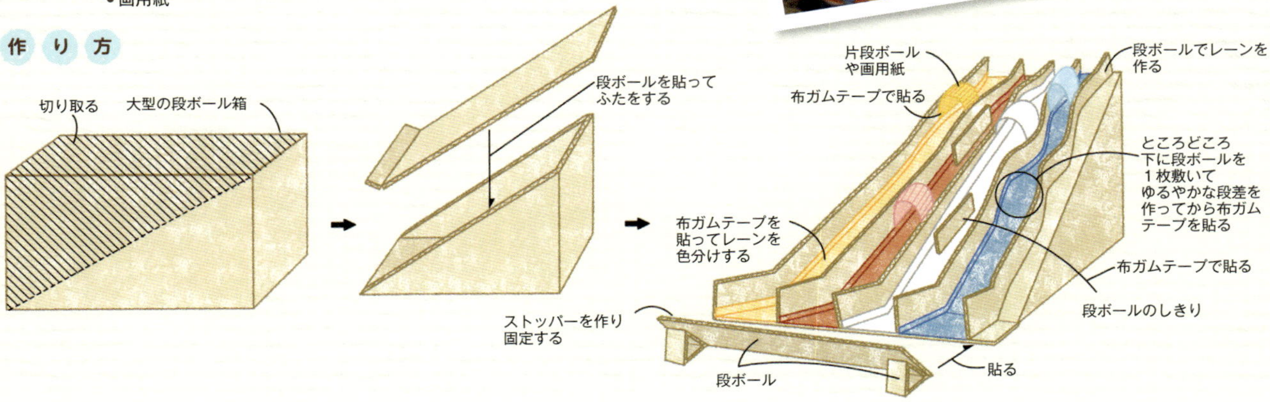
切り取る
大型の段ボール箱
段ボールを貼ってふたをする
片段ボールや画用紙
布ガムテープで貼る
段ボールでレーンを作る
ところどころ下に段ボールを1枚敷いてゆるやかな段差を作ってから布ガムテープを貼る
布ガムテープを貼ってレーンを色分けする
布ガムテープで貼る
段ボールのしきり
ストッパーを作り固定する
段ボール
貼る

人形に気持ちを託す乗り物ごっこ

のせてのせて

制作／studio・ab

0歳 1歳 2歳

牛乳パックのバスに動物の人形たちを乗せて、運転士役をするなど、乗り物と人形を組み合わせることでさまざまなやりとりが広がります。

乳酸飲料の容器を使っているので、子どもの手にぴったりの大きさです。

乗せるとちょうど人形の顔がのぞく高さ。だれが乗っているかひと目でわかります。

運転士を描いたり、側面にタイヤを貼ったりすると、バスらしさが出て、自然と走らせたいという気持ちになります。

乗せる

人形があることで「乗せて」「いいよ」などの会話が生まれます。

いいよ。
ぶたさん
ちょうだい
おおかみさん
ちょうだい

交換する

ほしい人形を友だちに伝え、交換するシーンも出てきます。

作り方

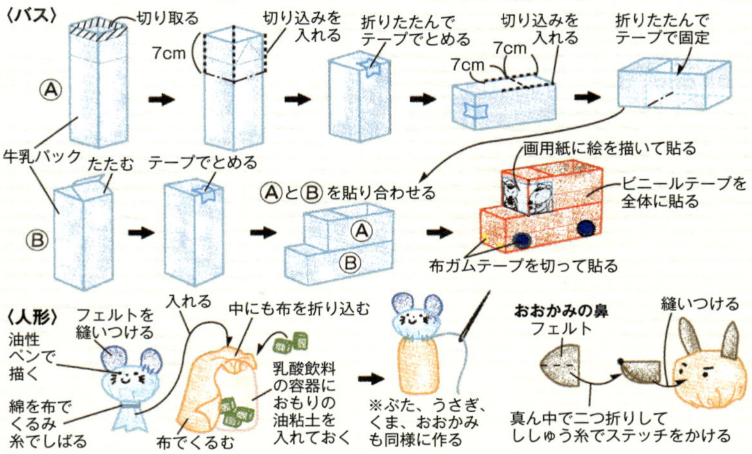
〈バス〉
Ⓐ
牛乳パック
切り取る
7cm
切り込みを入れる
折りたたんでテープでとめる
7cm
7cm
切り込みを入れる
折りたたんでテープで固定
Ⓑ
たたむ
テープでとめる
ⒶとⒷを貼り合わせる
画用紙に絵を描いて貼る
ビニールテープを全体に貼る
布ガムテープを切って貼る
〈人形〉
油性ペンで描く
フェルトを縫いつける
綿を布でくるみ糸でしばる
入れる
布でくるむ
中にも布を折り込む
乳酸飲料の容器におもりの油粘土を入れておく
※ぶた、うさぎ、くま、おおかみも同様に作る
縫いつける
おおかみの鼻
フェルト
真ん中で二つ折りしてししゅう糸でステッチをかける

コピー型紙 P.186

素材

- 画用紙
- ビニールテープ
- 牛乳パック
- 乳酸飲料の容器
- 布
- フェルト
- 綿
- 油粘土
- 布ガムテープ
- ししゅう糸

ブルルルン！
ブーン！

バスだけを思い思いに走らせて楽しむあそびも。

しゅっぱーつ！

走らせる

人形たちを乗せたら、バスを走らせて運転士気分を満喫します。

いってきまーす

走らせる

好きな車をひとつずつ選ぶと、道路に沿ってすぐに走らせはじめました。

床のサーキットをかけ抜けよう

ペットボトルカー

制作／ studio・ab

0歳 1歳 2歳

床に作ったサーキット場に車を走らせる、ダイナミックな車あそびです。車を連結させる、人形をのせるなど、あそび方が次々に広がります。

運転席は、広くひとつに開けたものとふたつに分けたものを。人形をのせたり荷物をのせたりするなど、子どもの発想で使い分けができます。

ペットボトルのふたと底面に面ファスナーをつけると、車どうしをつなげることができます。

のせる

人形を運転席にのせて、ごっこあそびに発展していきます。

連結させる

車どうしがつながることがわかると、どんどんくっつけて長くする子も。

\ コースをくふうしよう /

床にビニールテープで道路をつくり、分かれ道や駐車場、スロープなどを設けると、あそびが広がります。

スロープは、発車するためのスタートの地点にもぴったり。

走らせた車を、きちんと駐車場に整列して停めるあそびも大好き。

素材

- ペットボトル(2ℓ)
- 牛乳パック
- ビニールテープ
- 布ガムテープ
- 面ファスナー
- 段ボール

作り方

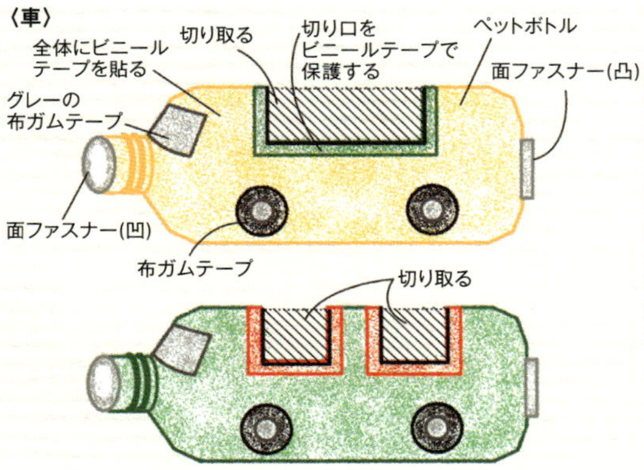
〈車〉
全体にビニールテープを貼る
切り取る
切り口をビニールテープで保護する
ペットボトル
面ファスナー(凸)
グレーの布ガムテープ
面ファスナー(凹)
布ガムテープ
切り取る

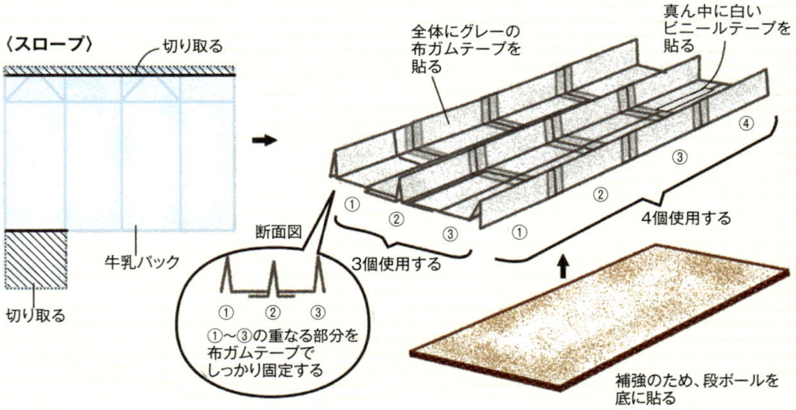
〈スロープ〉
切り取る
切り取る
牛乳パック
断面図
①
②
③
①〜③の重なる部分を布ガムテープでしっかり固定する
3個使用する
全体にグレーの布ガムテープを貼る
真ん中に白いビニールテープを貼る
4個使用する
補強のため、段ボールを底に貼る

大好きなおかあさんに変身!

おかあさんごっこ

制作／佐藤ゆみこ

0歳 1歳 2歳

自分にとっていちばん身近な〝おかあさん〟になりきってあそびます。身につける小物とままごとのおもちゃなどを組み合わせてあそびを広げましょう。

買い物バッグ
市販のランチバッグを使用。園にあるかばんを利用しても。

＼おんぶひもいろいろ／

ひもタイプ
胸で交差させて下のループに通し、前で結びます。

リュックタイプ
タオルに綿テープを縫いつけたもの。簡単に背負えます。

スリングタイプ
斜めがけにして、中に人形をすっぽり入れられます。だっこをするのにも適しています。

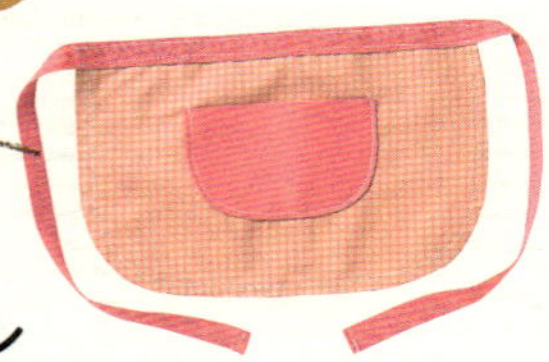

エプロン
上半身にはおんぶひもをつけるので、エプロンは腰につける小さなものに。

アイロン
かまぼこ板を使用しているので子どもが使いやすいサイズ。

素材

〈おんぶひも〉
- タオル
- 綿テープ

〈エプロン〉
- 布
- フェルト
- 綿テープ

〈アイロン〉
- かまぼこ板
- ビニールテープ
- セロハンテープ芯
- 銀色の布ガムテープ
- 強力接着剤

作り方

〈おんぶひも〉ひもタイプ

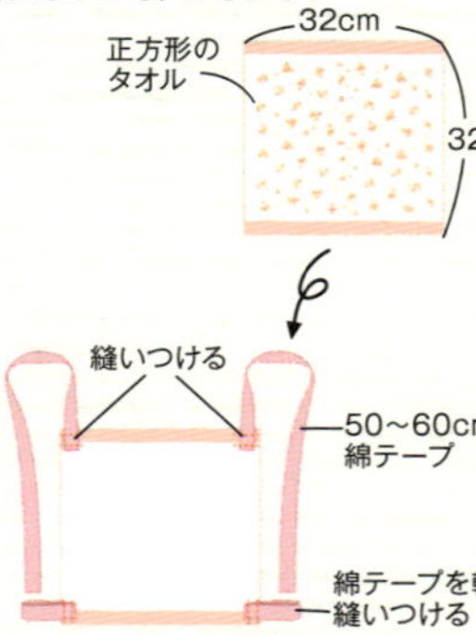

32cm
正方形のタオル
32cm
縫いつける
50～60cmの綿テープ
綿テープを輪にして縫いつける

リュックタイプ

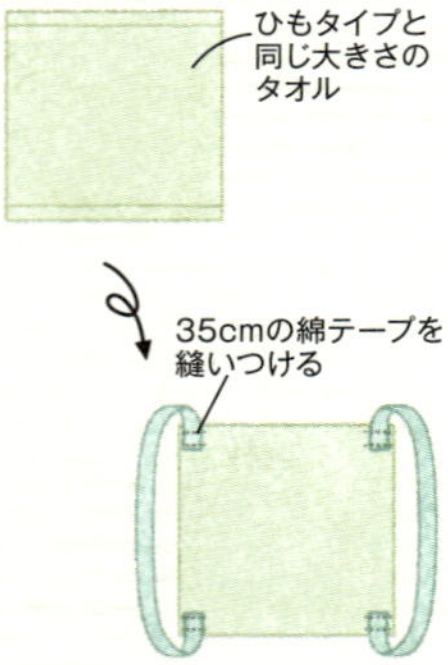

ひもタイプと同じ大きさのタオル
35cmの綿テープを縫いつける

スリングタイプ

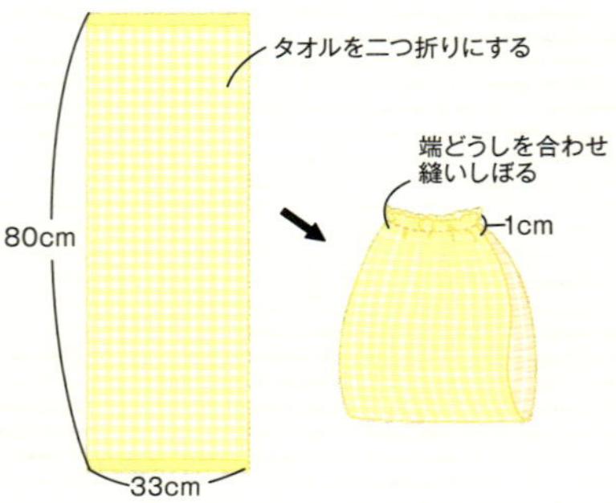

タオルを二つ折りにする
80cm
33cm
端どうしを合わせ縫いしぼる
1cm

〈エプロン〉

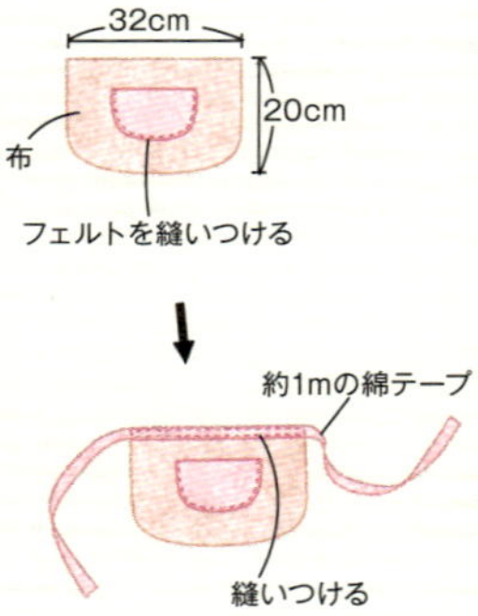

32cm
20cm
布
フェルトを縫いつける
約1mの綿テープ
縫いつける

ジュースください
はい、どうぞ

買い物

ままごと道具を使って、保育者がお店やさんになると、次々にバッグを持って買い物にやってきました。

あかちゃんの世話

おかあさんになりきって、だっこをしながら優しくあかちゃんをあやしていました。

アイロンをかける

保育室のブロックなどをアイロン台にして、アイロンをかけます。かまぼこ板を利用したアイロンでイメージがふくらみます。

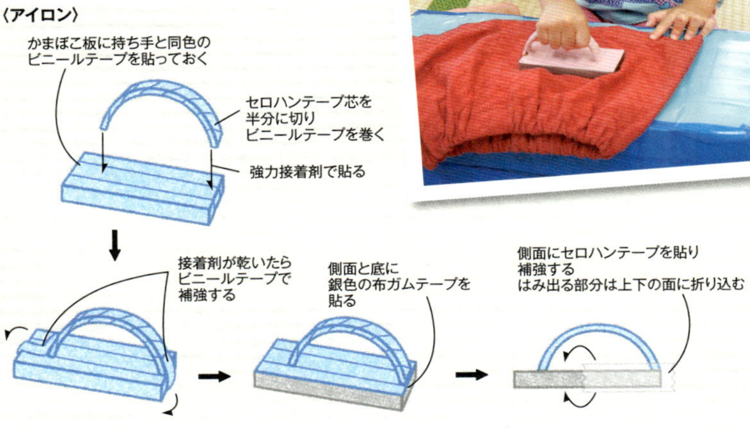
〈アイロン〉
かまぼこ板に持ち手と同色のビニールテープを貼っておく
セロハンテープ芯を半分に切りビニールテープを巻く
強力接着剤で貼る
接着剤が乾いたらビニールテープで補強する
側面と底に銀色の布ガムテープを貼る
側面にセロハンテープを貼り補強する
はみ出る部分は上下の面に折り込む

「おなかがすいたんだって」と保育者が声をかけると、ままごとに使うジュースをミルクにみたてて飲ませてあげます。

手作り小物で気分はお医者さん

病院ごっこ

制作／三浦晃子

0歳 1歳 2歳

お医者さんや看護師さん、患者さんになってやりとりを楽しむあそびです。子どもに身近な小道具をおもちゃにすることで、お医者さん気分を存分に味わえます。

もしもし
しますよー
じっと
してねー

人形を患者にみたてて

いつもは診察される側の子どもがお医者さんになることで、お医者さんに興味や親しみを持つきっかけになります。

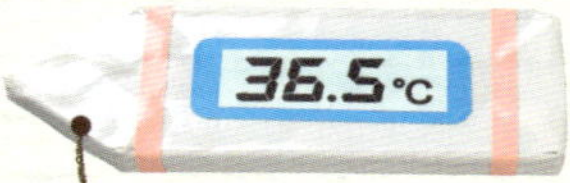

体温計
段ボールにビニールテープを巻いて。

聴診器
チューブの部分はソフトポールなので軽くて曲げやすい。

飲み薬
小さなペットボトルにセロハンを入れて。

布団
人形用の布団とまくら。キルト芯を入れてふんわりと。

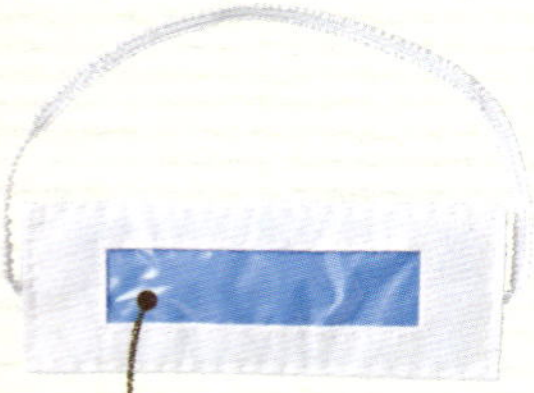

冷却シート
おでこに当たる部分はカラーポリ袋を使ってひんやりとした感触に。

お熱が
ありますね
お薬を
どうぞ

熱を測る、薬を飲ませるなど、過去に自分がしてもらった看病をしてあげようという気持ちが自然と芽生えます。

友だちを相手に

人形の次は、友だちが患者さんになります。

素材

〈冷却シート〉
- 平ゴム
- 不織布
- カラーポリ袋

〈飲み薬〉
- 200mlのペットボトル
- セロハン
- ビニールテープ

〈体温計〉
- 段ボール
- ビニールテープ
- タックシール色紙

〈聴診器〉
- ソフトボール
- ホイルカラー工作用紙（銀）
- ゴム
- ビニールテープ

〈布団〉
- キルト芯
- 不織布
- 布

作り方

〈冷却シート〉

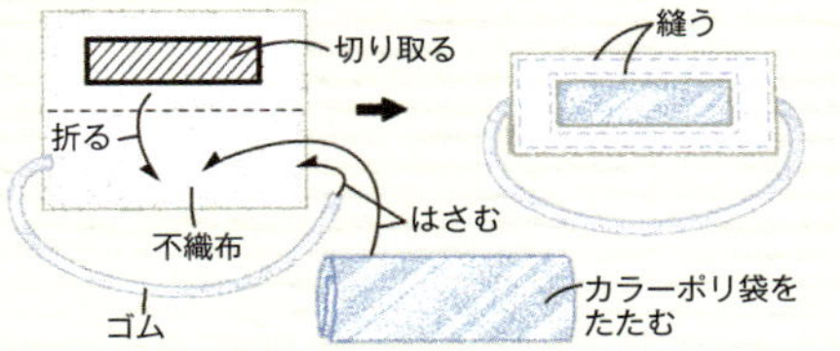
切り取る
縫う
折る
はさむ
不織布
ゴム
カラーポリ袋をたたむ

〈飲み薬〉

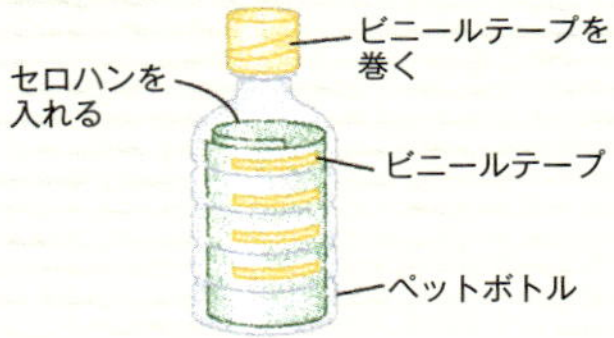
セロハンを入れる
ビニールテープを巻く
ビニールテープ
ペットボトル

〈体温計〉

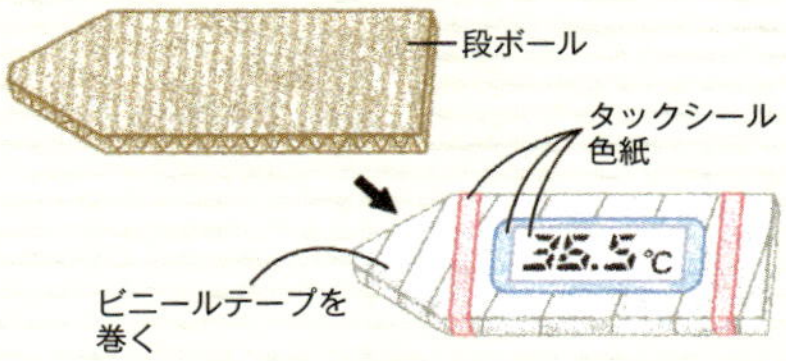
段ボール
タックシール色紙
ビニールテープを巻く
36.5℃

〈聴診器〉

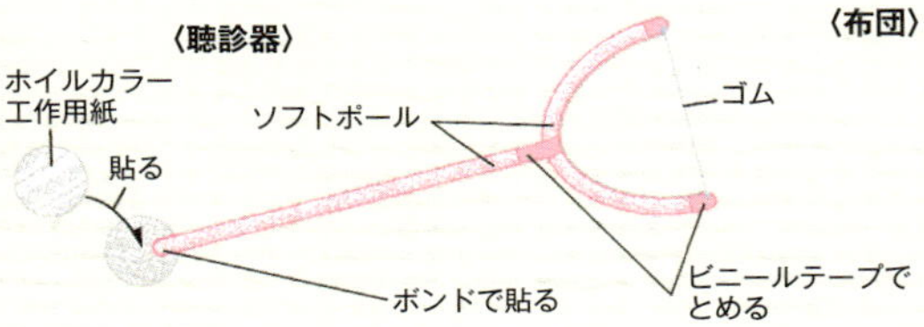
ホイルカラー工作用紙
貼る
ソフトボール
ゴム
ボンドで貼る
ビニールテープでとめる

〈布団〉

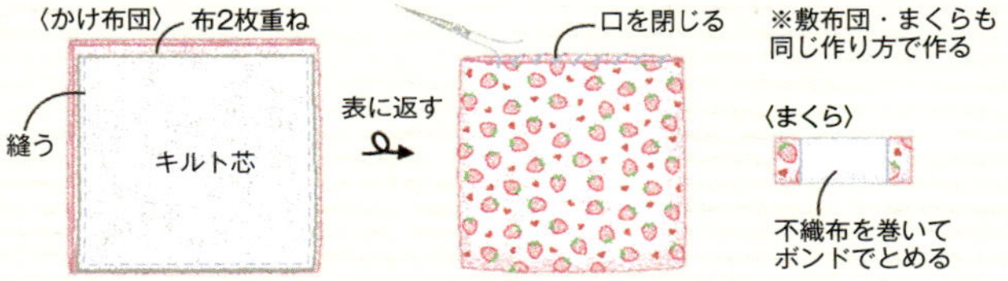
〈かけ布団〉布2枚重ね
縫う
キルト芯
表に返す
口を閉じる
※敷布団・まくらも同じ作り方で作る
〈まくら〉
不織布を巻いてボンドでとめる

おおぜいでいっしょに楽しむ

乗り物ごっこ

制作／阪本あやこ

0歳 1歳 2歳

段ボールと牛乳パックで作る、大型のバスです。運転士と乗客、両方の役割を楽しめます。

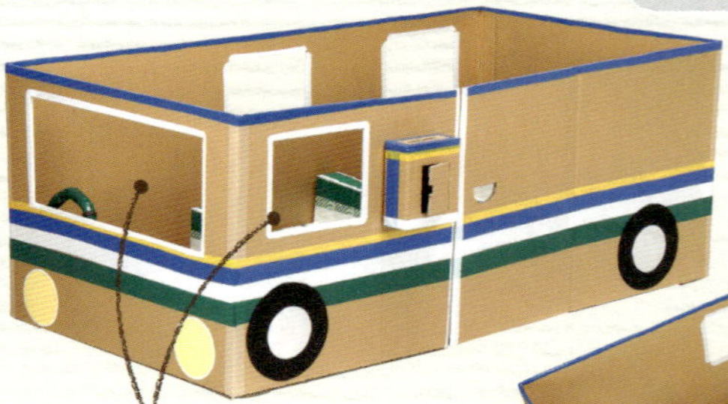

前面の窓と客席の窓を設けることで、外にいる子どもとの会話が生まれます。

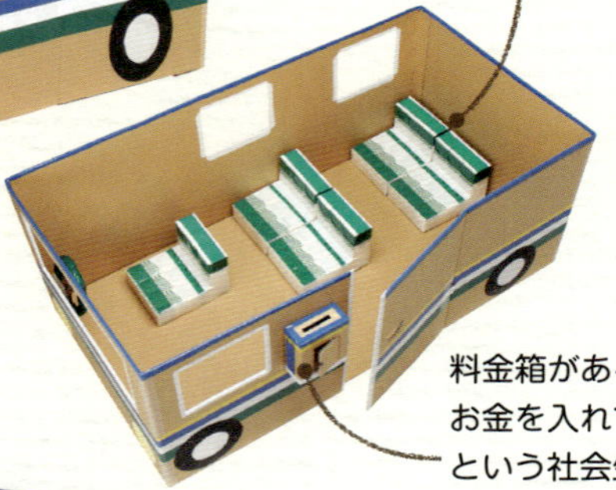

客席は、1人がけの牛乳パックのいすを2個×2列並べて。

料金箱があることで、お金を入れて乗る、という社会生活の疑似体験ができます。

フェルトで作った運転士の帽子が気分を盛り上げます。

バスに乗る

お金入れまーす

紙のお金を料金箱に入れて。

しゅっぱーつ！

全員乗って、ワクワク気分。

つかんでまわせるハンドルがあることで運転士としての満足感が高まります。

運転手を交代する

運転士役と乗客役は交代で。

いいよ！
運転したい！

出発しまーす！

作り方

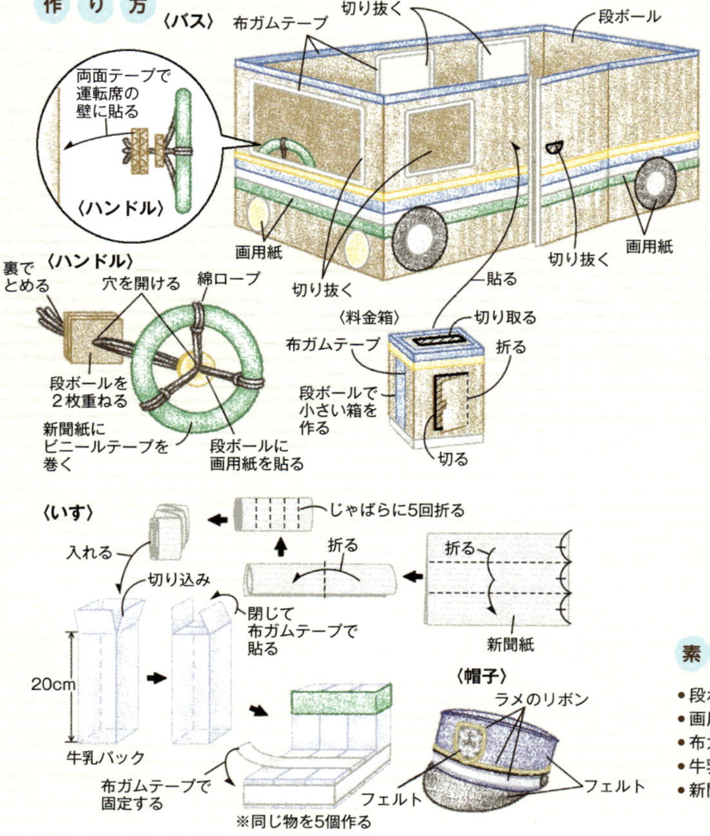

〈バス〉
布ガムテープ
切り抜く
段ボール
両面テープで運転席の壁に貼る
〈ハンドル〉
画用紙
切り抜く
画用紙
切り抜く
貼る
〈ハンドル〉
裏でとめる
穴を開ける
綿ロープ
段ボールを２枚重ねる
新聞紙にビニールテープを巻く
段ボールに画用紙を貼る
〈料金箱〉
切り取る
布ガムテープ
折る
段ボールで小さい箱を作る
切る
〈いす〉
じゃばらに5回折る
入れる
折る
折る
切り込み
閉じて布ガムテープで貼る
新聞紙
20cm
牛乳パック
布ガムテープで固定する
※同じ物を5個作る
〈帽子〉
ラメのリボン
フェルト
フェルト

素材

- 段ボール
- 画用紙
- 布ガムテープ
- 牛乳パック
- 新聞紙
- フェルト
- ラメのリボン
- 綿ロープ
- ビニールテープ
- 両面テープ

車として乗ったり、友だちや人形を乗せたりして、自分の力でダイナミックに動かす喜びを味わえるおもちゃです。友だちとの活発なやりとりも生まれます。

自分で進める乗り物ごっこ

乗り物あそび

制作／ピンクパールプランニング

0歳 1歳 2歳

押してあそぶ

自然と友だちを後ろから押してあげる姿が。しばらくすると「かわって！」「いいよ！」とやりとりがはじまりました。

しっかりした太さのハンドルが安定感を生むと同時に、車を運転している気分を盛り上げます。

後ろには面ファスナーでくっつく荷台を模した箱がついているので、運転士さんになりきってあそびが広がります。

荷台をつける

またがって進む

またがって、自分の足でけって進むのがうれしい。

くっつけまーす

荷台におもちゃを入れて、車部分と合体させるあそびに夢中になる子も。運転だけでない幅広い楽しみ方を発見できます。

素材

- 段ボール箱
- 布ガムテープ
- 片段ボール
- 牛乳パック
- チラシ
- 布
- 面ファスナー
- フェルト
- 強力接着剤

作り方

コピー型紙 P.187

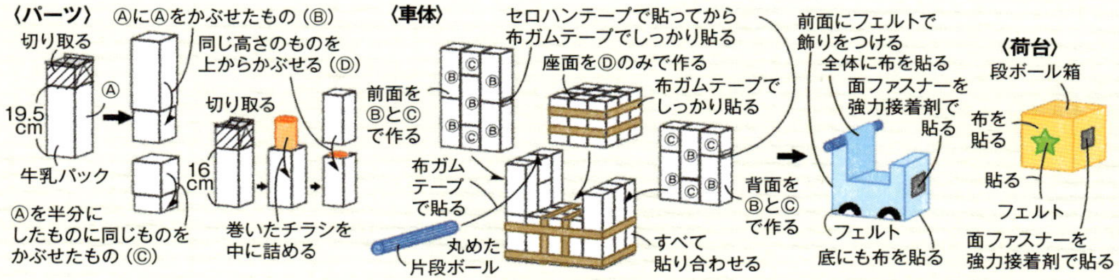
〈パーツ〉
切り取る
19.5cm
Ⓐ
牛乳パック
ⒶにⒶをかぶせたもの（Ⓑ）
同じ高さのものを上からかぶせる（Ⓓ）
切り取る
16cm
Ⓐを半分にしたものに同じものをかぶせたもの（Ⓒ）
巻いたチラシを中に詰める
〈車体〉
前面をⒷとⒸで作る
セロハンテープで貼ってから布ガムテープでしっかり貼る
座面をⒹのみで作る
布ガムテープでしっかり貼る
布ガムテープで貼る
丸めた片段ボール
すべて貼り合わせる
背面をⒷとⒸで作る
前面にフェルトで飾りをつける
全体に布を貼る
面ファスナーを強力接着剤で貼る
フェルト
底にも布を貼る
〈荷台〉
段ボール箱
布を貼る
貼る
フェルト
面ファスナーを強力接着剤で貼る

火事です！
出動します！

かっこいい消防士さんになりきって。

消防士に変身して出動！

消防士さんごっこ

制作／三浦晃子

0歳 1歳 2歳

ホース収納箱の底にはおもり用に水を入れた1.5ℓのペットボトルを2本入れます。

ヘルメットはカップめんの容器で。不織布をつけて、より本物らしく。

防火服は、そでを通して後ろの面ファスナーでとめる仕様です。

衣装と放水ホースで、消防士さんになりきってあそびます。みんなで協力してホースを伸ばしたりしまったり、友だちといっしょにあそぶ楽しさがいっぱいです。

みんなでホースを伸ばす

火事だ！
消防士さん、火事はあそこです！

保育者はイメージをふくらませることばかけを。

シューッ

火を消す

火元めがけて放水！

よいしょ、
よいしょ

ホースを巻く

ラップ芯に片段ボールを巻いたものに、ホースを巻きます。芯が太いので、ホースを巻きとりやすくなっています。

コピー型紙 P.187

作り方

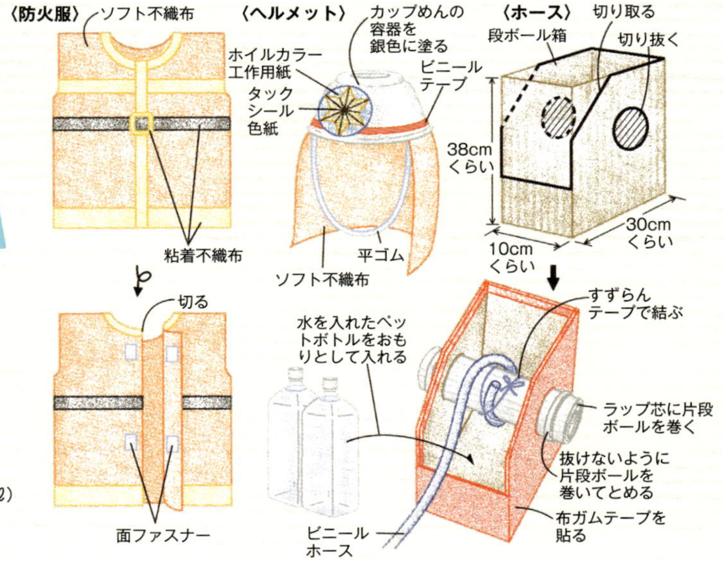
〈防火服〉
ソフト不織布
粘着不織布
切る
面ファスナー
〈ヘルメット〉
カップめんの容器を銀色に塗る
ホイルカラー工作用紙
タックシール色紙
ビニールテープ
平ゴム
ソフト不織布
〈ホース〉
切り取る
段ボール箱
切り抜く
38cmくらい
10cmくらい
30cmくらい
すずらんテープで結ぶ
水を入れたペットボトルをおもりとして入れる
ラップ芯に片段ボールを巻く
抜けないように片段ボールを巻いてとめる
布ガムテープを貼る
ビニールホース

素材

〈ヘルメット、防火服〉
- ソフト不織布
- 粘着不織布
- 面ファスナー
- カップめんの容器
- 平ゴム
- ホイルカラー工作用紙
- タックシール色紙
- ビニールテープ

〈ホース〉
- 段ボール箱
- 片段ボール
- 布ガムテープ
- ラップ芯
- ビニールホース
- ペットボトル（1.5ℓ）
- すずらんテープ

トマト
ください！
はい、
どうぞ！
Le panda géant

売り手になる

お客さんが来てお店やさんごっこがスタート！

段ボール箱をお店やさんのブースにアレンジした、アイデアおもちゃ。品物を売ったり、買ったりしながら、友だちとのやりとりを楽しむことができます。開閉式のテーブルに、品物をたっぷり並べられるのが魅力。

友だちと買い物のやりとりを楽しむ

お店やさんごっこ

制作／ studio・ab

0歳 1歳 2歳

ペットボトルのふたは、テーブルを出す際の取っ手でもあり、脚を取りつける際の突起にもなります。

テーブルの脚は、ラップ芯に片段ボールを巻いて。しまうときは取りはずして台をたたみます。

売り手は裏から出入りします。

品物を並べてお客さんを待ちます。ディスプレーもお店やさんの楽しい仕事。

お客さんになる

あそび込んでくると、架空のお金をやりとりする姿も見られます。友だちとのかかわりや身近な社会への興味が生まれます。

売り手になったり買い手になったりしながらあそぶ姿が見られます。

キャベツと
いちごも
ください

はい、
100円
ありがとう
ございました！

台は２歳児が座ってあそぶのにちょうどよい高さです。

素材

- 段ボール箱
- 段ボール
- 片段ボール
- 画用紙
- 布ガムテープ
- ペットボトルのふた
- ラップ芯
- 工作用紙

作り方

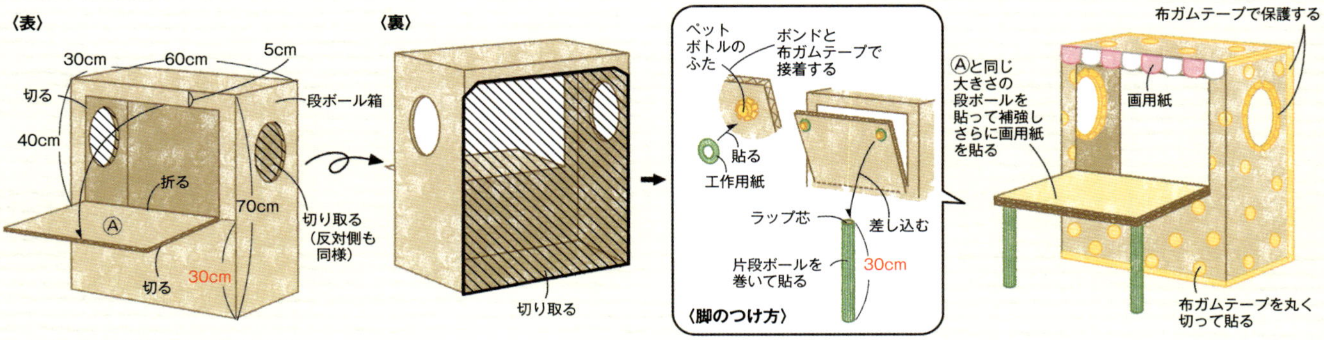
〈表〉
30cm
60cm
5cm
切る
段ボール箱
40cm
折る
Ⓐ
70cm
切り取る（反対側も同様）
切る
30cm
〈裏〉
切り取る
ペットボトルのふた
ボンドと布ガムテープで接着する
貼る
工作用紙
ラップ芯
差し込む
片段ボールを巻いて貼る
30cm
〈脚のつけ方〉
Ⓐと同じ大きさの段ボールを貼って補強しさらに画用紙を貼る
布ガムテープで保護する
画用紙
布ガムテープを丸く切って貼る

※赤字の数字以外はおおよその寸法です

プレゼントをもらううれしさを体験

おみやげごっこ

紙袋を持った保育者が、お買い物から帰ったという設定で「ただいま、はい、おみやげ」とプレゼントを配ります。おみやげの包装を自分で解いてその中身を発見する、ワクワク感がいっぱいのあそびです。

0歳 1歳 2歳

おみやげは
いろいろ用意して

簡単な包装でよいので、小さなおもちゃや折り紙を入れた包みをたくさん作って、大きめの紙袋に入れておきます。

中身であそぶ

プレゼントの中に、絵合わせカードなどを入れておくと、あそびが発展していきます。

もらう

おみやげ買ってきましたよー

大きな紙袋に興味津々。

はい、どうぞ
ありがとう

一つひとつ個別の包装になっていることで、「自分用」としての満足感が得られます。

カードだ！

開けてみる

包みの開け方は子どもの自由に。ゆっくり開ける子、急ぐ子、それぞれの個性が出ます。

Part 5

表現力をはぐくむおもちゃ

あそびやことばのやりとりを通して、
子どもの豊かな表現力は培われていきます。
みずみずしい感性を、保育者や友だちとのかかわりの中で
育てていきましょう。

ことばのここちよさが
心の安らぎや聞く力をはぐくむ

ことばのやりとりを楽しむあそび

0・1・2歳児にとって、ここちよいことばは、意味を伝えるだけのものではありません。音楽のようなリズム感や抑揚（イントネーション）、日本語の持つ響きのよさが、まるでことばのスキンシップのように耳から全身に吸収されていきます。そして耳を澄まして聞く喜びや、心の安らぎを与えてくれます。

リズミカルで楽しいことば体験から「聞く力」「表現する喜び」を養う

子どもたちがあっという間に覚えてしまうのはここちよいことばです。それには、いくつか特徴があります。一つめは短いかけ合いのことば（人との軽快なやりとり）であること、二つめは何度もくり返すことばであること、そして三つめは話す人の豊かな表情が伴うことばであることです。それをふまえて発語を引き出したり、おはなしが広がったりするあそびを取り入れましょう。あそびのなかのやりとりを通して聞く力・表現する喜びが育ちます。

だれが出てくるかな？

▶P.158

「さあ、中にはだれがいるかな？　ちょっと聞いてみましょうね」「トントントン、どなたですか？」。箱の中に入っているものをことばのやりとりをしながら当てるあそびです。保育者が問いかけながら少しずつ箱から出すなど、動きをくふうすると会話がいっそうはずみます。

1 発語を引き出す 楽しくて思わずことばが出るあそび

保育者が「何かな？　何が出てくるかな？」と問いかけながら取り出す一つひとつの物を、好奇心旺盛な子どもたちは目をこらして見つめます。もぞもぞ、にょろにょろ、ふわふわ……おもちゃのリズミカルでここちよい動き、それに伴う擬音語の楽しさに、子どもたちは「あっ、むしむしだ」「へびさんだ」など興味のあるいろいろな物の名前を口にします。また、保育者といっしょになって「にょろにょろ……」「ふわふわ……」などと言うようになり、発語が促され、ことばを発する喜びを味わうようになります。

もこもこあおむしくん

▶P.146

袋から出てくるワクワク感が子どもの「なんだろう？」という好奇心を刺激し、コミュニケーションが生まれます。あおむしがちょうちょうに変身することを思い浮かべ、ことばで表すことで発語、表現力の発達を促します。

感情表現を引き出すペープサートです。「どんな顔をしているかな？」などと保育者が問いかけると絵のまねをしたり、気持ちをことばや体で表現したりします。ペープサートに感情移入して、話しかけることも。

泣き笑いペープサート

▶P.154

2 おはなしが広がる ことばのやりとりを促すあそび

「うさぎさん、うさぎさん、どこに行くの？」などと保育者が問いかけると、子どもたちは思い思いのことばを発し、楽しいことばのやりとりが生まれます。それだけではありません。子どもたちは即興の歌やリズミカルな語りかけなどで、たちまち表現あそびを始めることでしょう。そこから友だちといっしょにあそぶ楽しさを感じとっていくことはいうまでもありません。

保育者がテレビの中に入って語りはじめると、きっと子どもたちが集まってきて興味深く聞いてくれるでしょう。そのうちに子どもたち自身がマイクを前に話しはじめます。おとなのまねをする満足感も得られるあそびです。

おはなしテレビ

▶P.142

親しみの持てるユーモラスな動きの人形になりきってあそぶうち、思わずことばが出ます。いっしょに踊ったり、歌を楽しんだりすることで体を使った表現活動もできます。

ブラブラ人形

▶P.150

ぞうさんのお鼻、
のびるねー

お皿をまわすと絵が変わる

紙皿おはなし

制作／すぎやままさこ

0歳 1歳 2歳

２枚の紙皿を組み合わせて、絵の変化を楽しむおもちゃです。単純なしかけで、くり返しあそぶことができます。あおむしがちょうちょうになって……など成長をテーマにして、子どもたちの成長と重ね合わせてもよいですね。

皿をまわす

はじめに保育者がやってみせます。

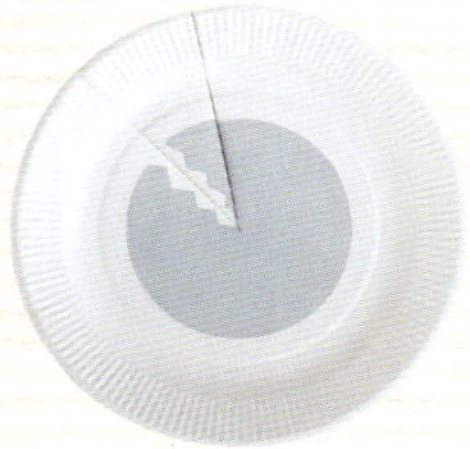

１枚の皿をまわしていくと……

↓

ぞうさんのお鼻がのびて……

↓

りんごを取ります。

のびたー

自分でもまわしてみたくなります。

＼絵変わりのバリエーション／

卵が割れてひよこさんが生まれます。

あおむしがちょうちょうに変身します。

作り方

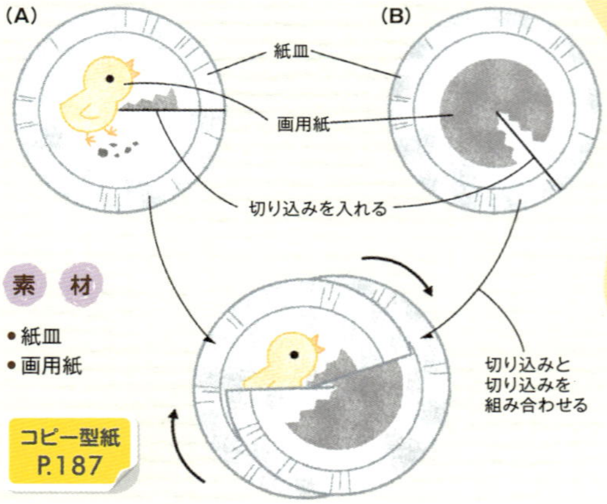
(A)
(B)
紙皿
画用紙
切り込みを入れる
切り込みと切り込みを組み合わせる

素材

- 紙皿
- 画用紙

コピー型紙 P.187

一瞬で変わる絵にびっくり！

変身マジック

制作／studio・ab

0歳 1歳 2歳

画用紙を切って組み合わせるだけで簡単に作れる絵変わりおもちゃです。「ひよこさんがおかあさんを探しているよ」などといったおはなしにすれば、絵の変化に興味がわくでしょう。

素材

- 四ツ切り画用紙

コピー型紙 P.188

作り方

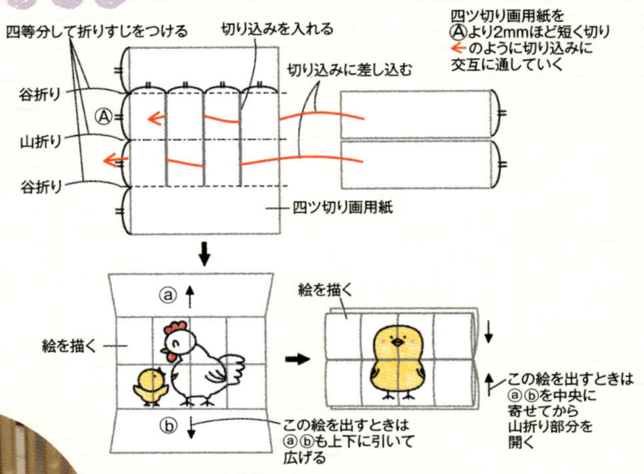

四等分して折りすじをつける
切り込みを入れる
四ツ切り画用紙を
Ⓐより2mmほど短く切り
←のように切り込みに
交互に通していく
切り込みに差し込む
谷折り
Ⓐ
山折り
谷折り
四ツ切り画用紙
ⓐ
ⓑ
絵を描く
絵を描く
この絵を出すときは
ⓐⓑも上下に引いて
広げる
この絵を出すときは
ⓐⓑを中央に
寄せてから
山折り部分を
開く

ひよこさんが……

絵を見せながら……

子どもに最初の絵を見せます。

一度閉じてから、上下の紙を持って広げます。

変身！

あ！
にわとり！

絵の変化にびっくり。「ひよこさんはだれといっしょ？」と聞くと指をさして教えてくれます。

絵変わりのバリエーション

あおむしからちょうちょうへの変身もわかりやすくて人気です。紙をパタパタ動かして動きを楽しんでもよいですね。

いつもは見る側にいるテレビですが、このおもちゃでは中に入って、自分がしゃべる側になる楽しさを味わえます。

歌う

好きな歌をみんなに向かって。友だちの意識が自分に集まっていることで、緊張するとともに自意識が満たされます。

テレビの中に入って話そう

おはなしテレビ

制作／佐藤ゆみこ

0歳 1歳 2歳

使わないときはテーブルを閉じてしまっておけます。

ペットボトルのふたは、テーブルを出す際の取っ手でもあり、脚を取りつける際の突起にもなります。

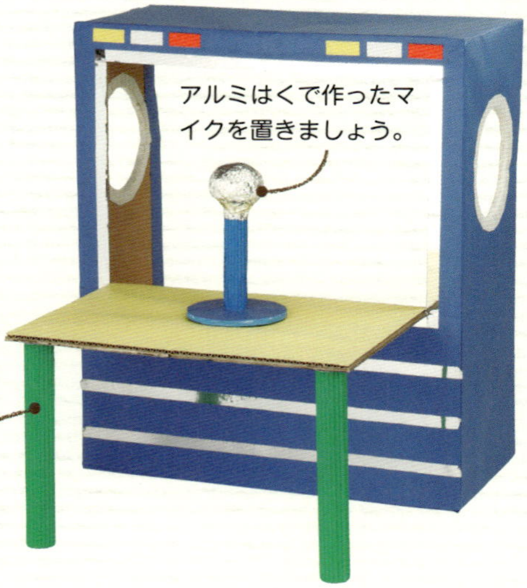

アルミはくで作ったマイクを置きましょう。

ラップ芯に片段ボールを巻いた脚を取りつけてテーブル状にします。しまうときは取りはずせます。

聞く
お名前は？

画面の中から友だちにインタビューすると、会話がはずみます。

お知らせでーす！

2歳児が座って顔を出すのにちょうどよい高さ。

ふたりでいっしょに入ってあそぶ姿も見られます。

素材

- 段ボール箱
- 画用紙
- 布ガムテープ
- ビニールテープ
- ペットボトルのふた
- ミラーテープ
- 片段ボール
- アルミはく
- エアパッキン
- ラップ芯
- 段ボール
- 工作用紙

作り方

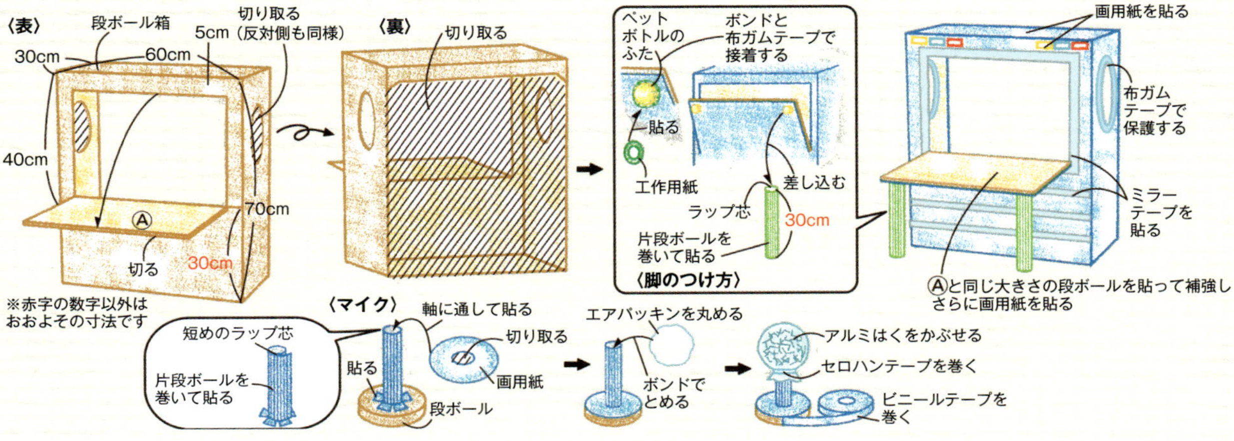

〈表〉
段ボール箱
切り取る
5cm（反対側も同様）
30cm
60cm
40cm
Ⓐ
70cm
切る
30cm
〈裏〉
切り取る
ペットボトルのふた
ボンドと布ガムテープで接着する
貼る
工作用紙
差し込む
ラップ芯
30cm
片段ボールを巻いて貼る
〈脚のつけ方〉
画用紙を貼る
布ガムテープで保護する
ミラーテープを貼る
Ⓐと同じ大きさの段ボールを貼って補強しさらに画用紙を貼る
〈マイク〉
短めのラップ芯
片段ボールを巻いて貼る
軸に通して貼る
貼る
切り取る
画用紙
段ボール
エアパッキンを丸める
ボンドでとめる
アルミはくをかぶせる
セロハンテープを巻く
ビニールテープを巻く

※赤字の数字以外はおおよその寸法です

袋から出す
あっ、
出てきた！

空き缶のプルトップをつなげて作るへびです。クネクネとした動きができるので、ニョロニョロと動かしてコミュニケーションをとりましょう。

最初はちょっとびっくりするけど……。

へびさんを通じてコミュニケーション

ニョロニョロへびさん

制作／タバサナオミ

0歳 1歳 2歳

なんだろう……

自分で引っぱり出して確かめます。

素材

- 布
- 綿ロープ
- フェルト
- 空き缶のプルトップ
- 活眼
- ししゅう糸

作り方

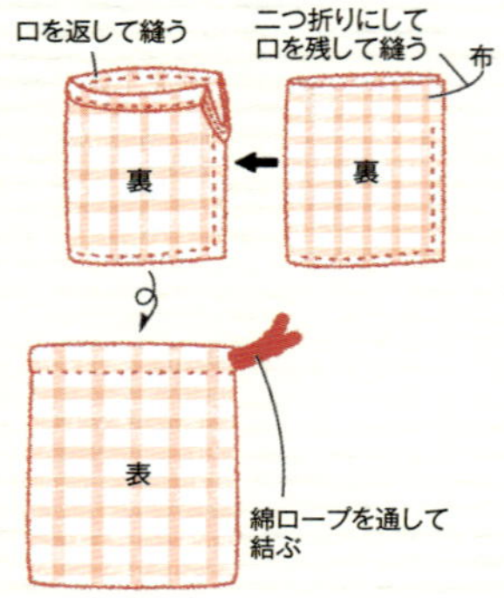
口を返して縫う
二つ折りにして
口を残して縫う
布
裏
裏
表
綿ロープを通して
結ぶ

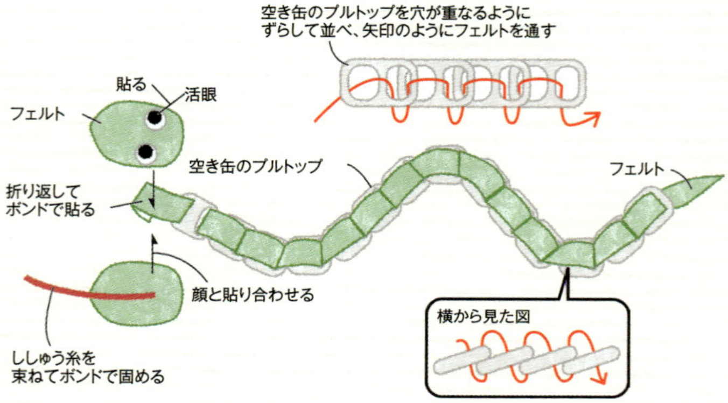
空き缶のプルトップを穴が重なるように
ずらして並べ、矢印のようにフェルトを通す
貼る
活眼
フェルト
空き缶のプルトップ
フェルト
折り返して
ボンドで貼る
顔と貼り合わせる
ししゅう糸を
束ねてボンドで固める
横から見た図

わあ、へびだ！

へびであそぶ

触らせて！

頭を出したへびが目だつ色で袋を作ります。

へびさんニョロニョロ♪

頭をなでようとします。

手指の発達を促す

好奇心・探究心をはぐくむ

体を動かす

みたて・ごっこあそび

表現力をはぐくむ

あおむしくんの変身を楽しもう

もこもこ あおむしくん

小さいあおむしから大きいあおむし、そしてちょうちょうへの変身を、袋を使うことで流れをつくって表現します。ひとつ出しておはなしをしたら、袋に戻して、次の物を出しましょう。

制作／タバサナオミ

0歳 1歳 2歳

あおむしが たーくさんごはんを 食べました

リングをつけて、指に通して使えるようにします。

よく寝たら、大きなあおむしに なりました

春になったら きれいな ちょうちょうに！

ごっこあそび

自分の指にはめて、ごっこあそびもできます。

おはなしを楽しむ

素材

- 布
- 綿ロープ
- フリース
- 目玉用ボタン
- モール
- 手芸用リング
- 綿
- ゴム
- ししゅう糸
- ビーズ
- ボール紙

作り方

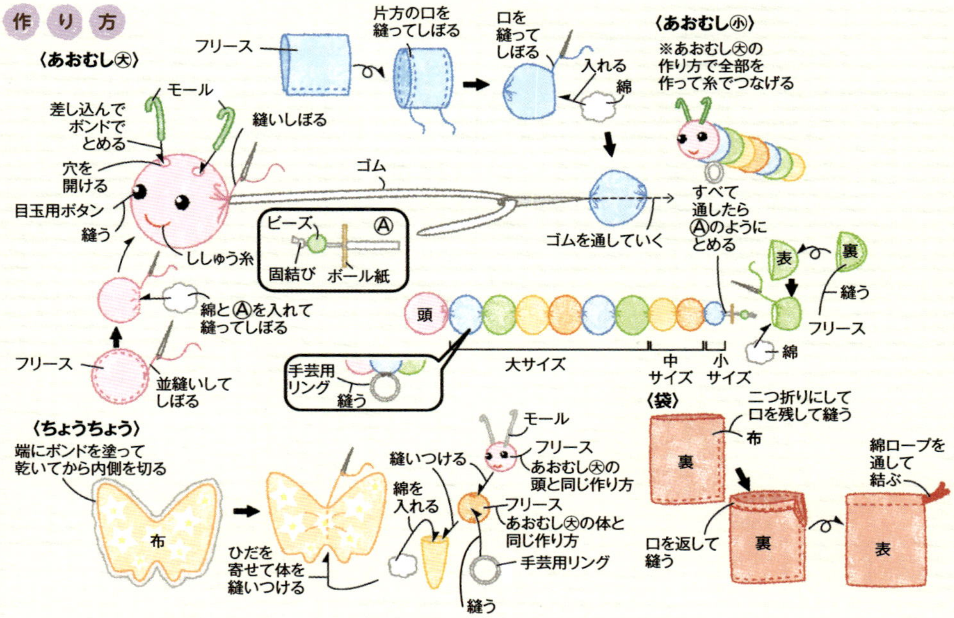
〈あおむし㊅〉
フリース
片方の口を縫ってしぼる
口を縫ってしぼる
入れる
綿
〈あおむし㊆〉
※あおむし㊅の作り方で全部を作って糸でつなげる
モール
差し込んでボンドでとめる
縫いしぼる
穴を開ける
目玉用ボタン
縫う
ししゅう糸
ゴム
ゴムを通していく
すべて通したらⒶのようにとめる
ビーズ
Ⓐ
固結び
ボール紙
綿とⒶを入れて縫ってしぼる
フリース
並縫いしてしぼる
頭
大サイズ
中サイズ
小サイズ
手芸用リング
縫う
表
裏
縫う
フリース
綿
〈ちょうちょう〉
端にボンドを塗って乾いてから内側を切る
布
ひだを寄せて体を縫いつける
縫いつける
綿を入れる
モール
フリース
あおむし㊅の頭と同じ作り方
フリース
あおむし㊅の体と同じ作り方
手芸用リング
縫う
〈袋〉
二つ折りにして口を残して縫う
布
裏
口を返して縫う
裏
表
綿ロープを通して結ぶ

あおむしくんだ

はじめは小さなあおむしが登場。

大きくなったね

小さなあおむしが袋に戻り、次に出てきたのは大きなあおむしで……。

ちょうちょうになってるー！

袋の中でさなぎになって、ちょうちょうに変身！

かばさんの口がパクパク動く

かばさんクリップ

制作／タバサナオミ

0歳 1歳 2歳

はさんでも痛くない、ふわふわのかばのクリップです。おしゃべりさせたり、体にパクパクかみついたりしてふれあいを楽しんでください。

大きめの洗濯ばさみにフェルトと綿で顔をつけて、ユーモラスなかばの顔に。

持ち手をつかむと、口が開くしくみです。

0歳児は……

おそるおそる手を出して自分で感触を確かめます。保育者とのコミュニケーションツールになります。

先生を
パクッ
わぁ!

1歳児は……

自分でパクパクさせることができるので、いろいろなものをはさんでみようとします。

2歳児は……

2歳になると友だちや保育者と協力して、長くつなげるあそびを発見する子どもも。

素材

- 大きめの洗濯ばさみ
- フェルト
- 綿
- モール

コピー型紙
P.188

作り方

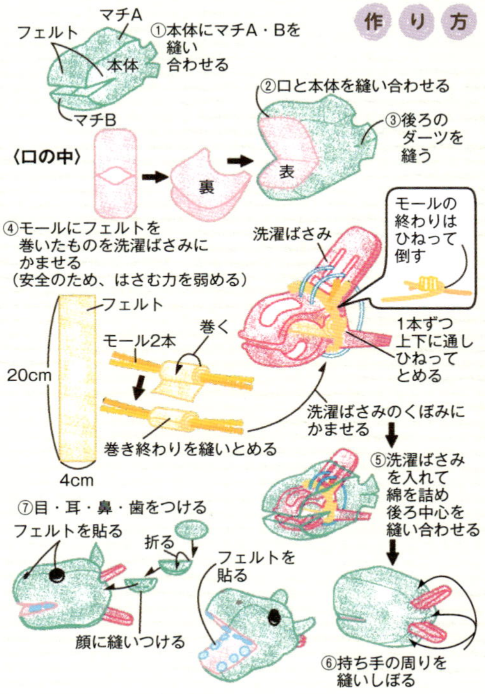
マチA
フェルト
本体
マチB
①本体にマチA・Bを縫い合わせる
②口と本体を縫い合わせる
〈口の中〉
裏
表
③後ろのダーツを縫う
④モールにフェルトを巻いたものを洗濯ばさみにかませる(安全のため、はさむ力を弱める)
洗濯ばさみ
モールの終わりはひねって倒す
フェルト
モール2本
巻く
20cm
4cm
1本ずつ上下に通しひねってとめる
巻き終わりを縫いとめる
洗濯ばさみのくぼみにかませる
⑤洗濯ばさみを入れて綿を詰め後ろ中心を縫い合わせる
⑦目・耳・鼻・歯をつける
フェルトを貼る
折る
顔に縫いつける
フェルトを貼る
⑥持ち手の周りを縫いしぼる

コミカルな動きの人形を揺らして

ブラブラ人形

制作／タバサナオミ

0歳 1歳 2歳

手足がブラブラと動くのがおもしろい人形です。0～1歳児は、保育者が演じてあげると喜びます。2歳ごろになると自分で動かすことを楽しめます。

たぬき

カッパ

腕を綿ロープで長めに作るのがポイント。カッパの足にはおもりを入れて。

やすべえじいちゃん

半分に切ったピンポン玉を足にすることで適度な重みが出て、床を歩かせたときに、パカパカとよい音がします。

待ってー

人形になりきってあそぶと、思わずことばが出ます。

人形を動かす

人形が手足を振るようすに興味を持ち、コミカルな動きに思わず笑いだします。

すこぽんぽーん♪

やすべえじいちゃん、
うんぽんぽん♪

「やすべえじいちゃん」に合わせて

「やすべえじいちゃん」の歌詞に合わせて人形を揺らします。最後の「ぽーん」で子どもの肩や頭の上に人形をのせてあげましょう。

♪ やすべえじいちゃん

やすべえじいちゃん　うんぽんぽん
うんぽんうんぽん　うんぽんぽん
そういうたぬきも　うんぽんぽん
うんぽこすんぽこ　すこぽんぽーん

※自由に節をつけて歌う

作り方

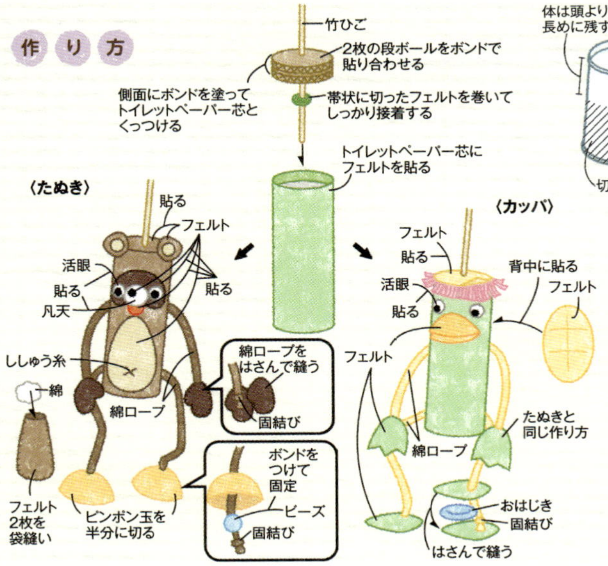
竹ひご
2枚の段ボールをボンドで貼り合わせる
側面にボンドを塗ってトイレットペーパー芯とくっつける
帯状に切ったフェルトを巻いてしっかり接着する
トイレットペーパー芯にフェルトを貼る
〈たぬき〉
貼る
フェルト
活眼
貼る
凡天
貼る
ししゅう糸
綿
綿ロープ
綿ロープをはさんで縫う
固結び
フェルト2枚を袋縫い
ピンポン玉を半分に切る
ボンドをつけて固定
ビーズ
固結び
〈カッパ〉
フェルト
貼る
活眼
貼る
背中に貼る
フェルト
フェルト
綿ロープ
たぬきと同じ作り方
おはじき
固結び
はさんで縫う

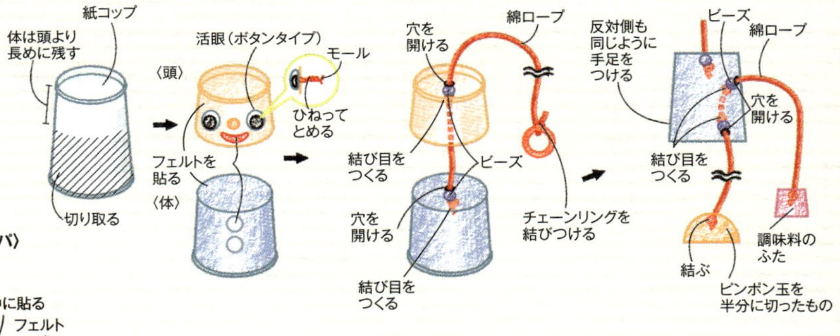
〈やすべえじいちゃん〉
紙コップ
体は頭より長めに残す
切り取る
活眼（ボタンタイプ）
モール
〈頭〉
ひねってとめる
フェルトを貼る
〈体〉
穴を開ける
綿ロープ
結び目をつくる
ビーズ
穴を開ける
チェーンリングを結びつける
結び目をつくる
反対側も同じように手足をつける
ビーズ
綿ロープ
穴を開ける
結び目をつくる
調味料のふた
結ぶ
ピンポン玉を半分に切ったもの

素材

〈カッパ・たぬき〉
- 竹ひご
- トイレットペーパー芯
- 綿ロープ
- フェルト
- 綿
- ししゅう糸
- おはじき
- ピンポン玉
- 活眼
- ビーズ
- 凡天
- 段ボール

〈やすべえじいちゃん〉
- 綿ロープ
- 紙コップ
- ビーズ
- ピンポン玉
- 調味料のふた
- フェルト
- 活眼
- モール
- チェーンリング

コピー型紙 P.189

おはなしが広がるフェルトの電車

しゅっぱーつ！ボタン電車

0歳 1歳 2歳

フェルトで作る、つなげてあそべる電車です。そのままで車のように走らせたり、列車のようにつなげたり、自由な発想であそびを広げていくことができます。車両がポケット状になっているので、中にフェルトの小物や動物を入れるあそびも人気です。

制作／タバサナオミ

ポケットになっているので人形を入れてあそべます。
ボタンでつなげて長くできます。

素材

- フェルト
- ボタン
- ひも
- 綿

コピー型紙 P.189

作り方

〈電車〉

・同じ形を2枚作る

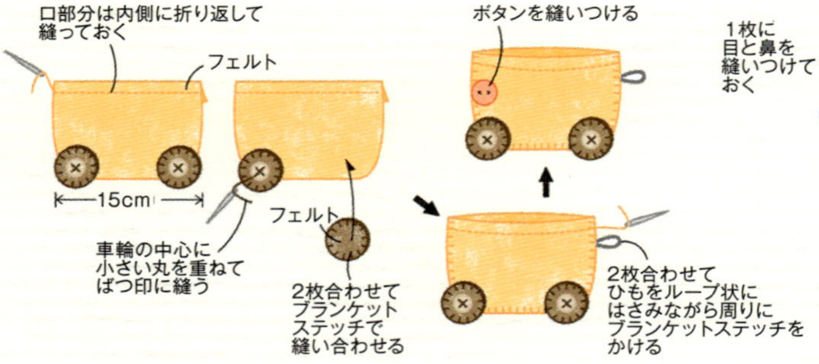
口部分は内側に折り返して縫っておく
フェルト
15cm
車輪の中心に小さい丸を重ねてばつ印に縫う
フェルト
2枚合わせてブランケットステッチで縫い合わせる
2枚合わせてひもをループ状にはさみながら周りにブランケットステッチをかける
ボタンを縫いつける

〈人形〉

・同じ形を2枚作る

1枚に目と鼻を縫いつけておく
2枚合わせてブランケットステッチで縫い合わせる
脇を残しておいて綿を詰めたら閉じる
フェルト2枚をブランケットステッチで縫い合わせて頭に縫いつける

〈小物〉

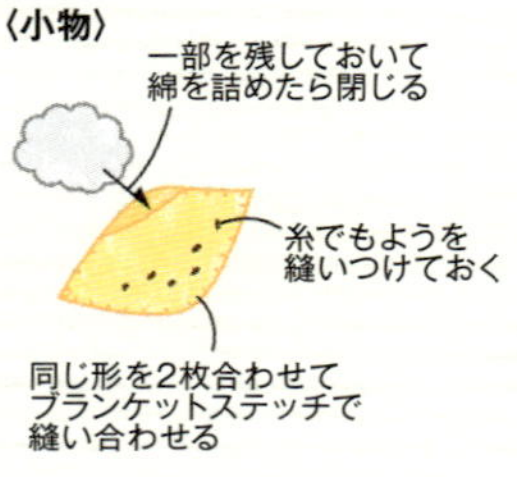
一部を残しておいて綿を詰めたら閉じる
糸でもようを縫いつけておく
同じ形を2枚合わせてブランケットステッチで縫い合わせる

電車に乗せる

まずお気に入りの人形をポケットに入れるようすが。

車にみたてて走らせる１歳児。

つなげる

２歳児になると、ボタンをとめて電車をつなげることに興味を持ちます。

どんどんつなげて列車として走らせてあそびます。

感情表現を引き出すペープサート

泣き笑いペープサート

制作／田中なおこ

0歳 1歳 2歳

にこにこ！
おとうさん
どんな顔
してる？

まねをする

みんなでいっしょにペープサートの顔をまねてあそびます。

おかあさん
おねえさん
おとうさん
ぼく
おばあさん
あかちゃん

ペープサートをさしておく台は、中に粘土を入れているから、重くて安定します。保管にも便利。

おかあさん 怒っちゃった!

プン
プン!

ふたつの異なる表情をペープサートの表と裏に描いて、表情の変化を楽しむおもちゃです。表情のまねをしたり、絵に描かれた人に話しかけたり、気持ちをことばや体で表現したくなります。

あ! 泣いちゃった!

えーん

保育者がタイミングよくペープサートを裏返して、さっきとは違う表情のまねをします。

あかちゃん
泣いちゃったね
どうする?

泣かないで!
いい子いい子

話しかける

泣いている絵に手を伸ばして「よしよし」するなど、絵の人物に感情移入することで会話が生まれます。ごっこあそびに発展することも。

素材

- 割りばし
- 画用紙
- ビニールテープ
- ティッシュボックス
- 油粘土
- 牛乳パック

コピー型紙 P.190

作り方

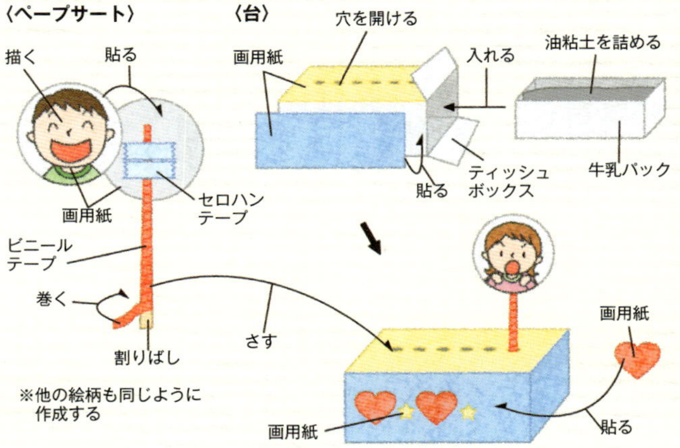
〈ペープサート〉
描く
貼る
画用紙
セロハンテープ
ビニールテープ
巻く
割りばし
〈台〉
穴を開ける
画用紙
入れる
油粘土を詰める
貼る
ティッシュボックス
牛乳パック
さす
画用紙
貼る
画用紙

※他の絵柄も同じように作成する

絵を巻き取りながら読み聞かせできる

おはなしテレビ

制作／studio・ab

0歳 1歳 2歳

2番目のにいさんぶたは木の家を建てました。
わぁ！

「3びきのこぶた」のストーリーを長い紙に描いて、子どもにおはなしをしながら巻き取ります。

棒をまわして紙を巻き取りながらおはなしをします。

長い紙に描いた絵を巻き取りながら、おはなしを読み聞かせます。流れるように次の場面が連続で現れるので、子どもが画面に引きつけられます。

裏

絵を変えていろいろなおはなしを楽しみましょう。

素材

- 段ボール箱
- 布
- カラー工作用紙
- 丸い木の棒
- 画用紙
- カラーガムテープ
- 段ボール

作り方

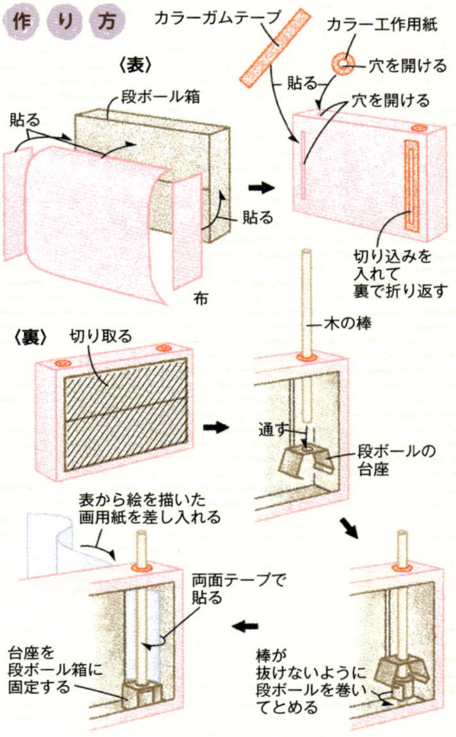

絵がだんだん変わる

場面が次々と変わるので「何が出てくるかな？」とおはなしに夢中になります。

箱から何が出てくるかあてよう

だれが出てくるかな？

0歳 1歳 2歳

制作／タバサナオミ

箱の中に入っているものをあててあそびます。ヒントになるように、扉から体の一部を出すことで、想像と期待がふくらみます。

扉の後ろで操作がしやすいよう、箱の裏側は大きく穴を開けておきます。

絵を牛乳パックを切ったものに貼ると、持ちやすく自立します。

素材

- 段ボール箱
- 牛乳パック
- 画用紙
- フェルト
- 綿ロープ
- 布

コピー型紙 P.190

作り方

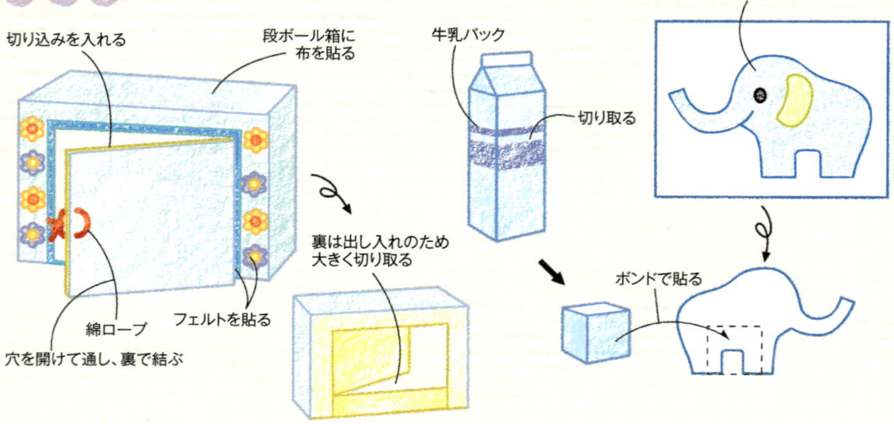

切り込みを入れる
段ボール箱に布を貼る
綿ロープ
穴を開けて通し、裏で結ぶ
フェルトを貼る
裏は出し入れのため大きく切り取る
牛乳パック
切り取る
画用紙にアクリル絵の具で描いて切り取る
ボンドで貼る

だれが
出てくる
かなー？

しっぽ、頭、と少しずつ見せていくのがポイントです。

あてる

出てきた動物を、子どもたちにタッチさせてあげても。

きょうりゅうさん！

自分が扉から顔を出すあそびも。保育者や友だちと目が合ってニッコリ。

表現する喜びを存分に味わい
イマジネーションをふくらませる

表現を楽しむあそび

生活のなかで巧みに指先を使う姿が見られるようになってきたら、いろいろな素材を使って手先の巧緻(こうち)性を促すチャンスです。のりやはさみの使い方に慣れることのできる造形あそびにチャレンジを。それをふまえて発語を引き出したり、おはなしが広がったりするあそびを取り入れましょう。あそびのなかのやりとりを通して聞く力・表現する喜びが育ちます。みずからの手を動かすことでイメージを形にしていく楽しさが、感性をはぐくみ、表現する喜びにつながります。

のり・はさみの使い方に慣れ 表現の楽しさに親しむあそび

のりであそぶ

のりはひとさし指ですくって台紙に指絵を描くように塗ることを伝え、感触を十分に楽しむようにします。のりは塗りやすいように小皿などに出して、準備をしましょう。

紙皿に画用紙のパーツを貼るあそびです。のりを塗り広げる感触を味わいながら、画用紙のパーツを食べ物にみたて、自分の作品を完成させる満足感が得られます。

お皿に何のせよう？ ▶P.162

おにぎり・サンドイッチ作り ▶P.164

紙の素材を貼っておにぎりやサンドイッチを作ります。のりを使って貼る楽しさと、できたおにぎりやサンドイッチを食べるごっこあそびへと発展できます。

はさみの使い方に慣れる

はさみを持って走りまわらない、使い終わったら決められた場所にしまう、などの約束をします。まずはチョキンとひとはさみ入れれば切れるという「切るここちよさ」を体得できるよう、少し硬めの細長い紙を用意します。慣れてきたら、チョキン、チョキンと続けて切ることを身につけていきましょう。

はさみの持ち方や扱い方にあそびながら慣れるよう、１回で切れる紙で、切る爽快感を楽しみます。はさみをしまうケースを用意し、はさみを使うときのルールも習慣づけましょう。

お菓子集め

▶P.166

あそびのヒント　はさみの持ち方

あそびの前に、はさみの持ち方を子どもといっしょに練習してみましょう。

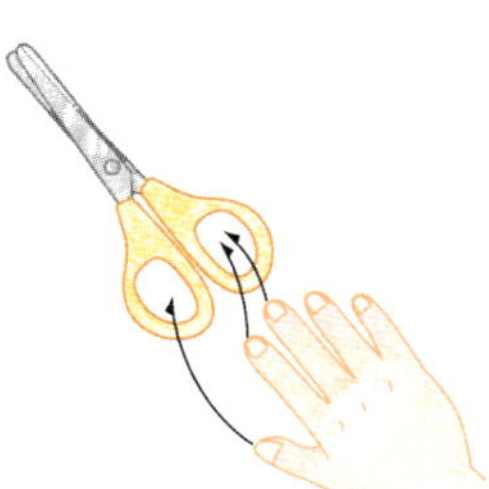

❶ おとうさん指を片方の穴に入れて、おかあさん指とおにいさん指をもうひとつの穴にいっしょに入れるよ。

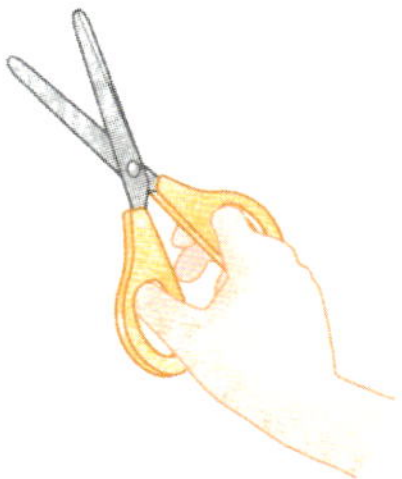

❷ 持てたかな？　グーパーって手を閉じたり開いたりして、チョキチョキはさみを動かしてみよう。

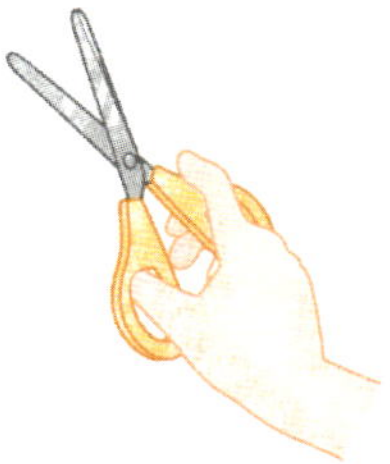

〈うまく持てない場合〉

穴に中指と親指を入れ、ひとさし指はその穴の上にかけるように置きます。はさみが開きやすくなります。

のりを使ってお料理を作ろう

お皿に何のせよう？

制作／佐藤ゆみこ

0歳 1歳 2歳

のりを塗る

紙皿にのりを塗り広げます。のりは塗りやすいように小皿などに出しておきましょう。

果物の形に切った画用紙や、子どもが好きなものにみたてられる四角や丸の画用紙を用意し、順番に出しました。盛りつけるように紙皿にのりで貼っていきます。

素材

- 紙皿
- 画用紙

果物の形に切ったものと、色とサイズ違いで四角と丸のパーツを用意します。

貼る

好きなパーツを選んで貼っていきます。「次はいちご！」など、順番を考えたり、四角や丸をサラダの具材にみたてたりと、それぞれ楽しんでいました。

一つひとつのパーツの裏にのりを塗って貼る子も。丸や四角の画用紙をハンバーガーなどにみたてているのか、貼ったパーツの上に次々と重ねて貼っていました。

できた！

完成！

自分だけのお皿が完成！　貼り終えたお皿を満足そうに見せてくれました。

紙の素材を使って、クッキングに挑戦！　気分が出るように、実際のサイズに近い大きさでパーツを作っておきます。

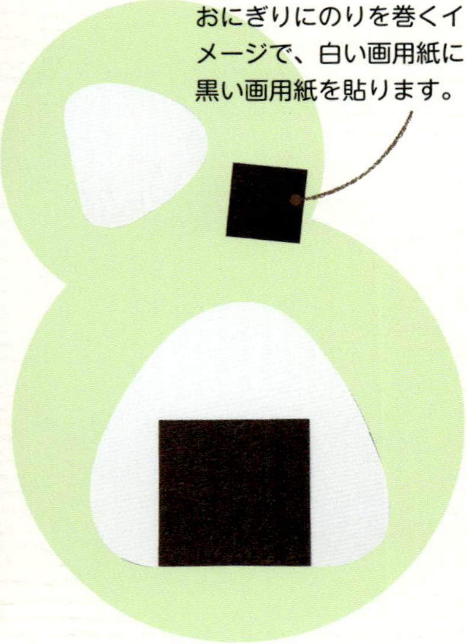

おにぎりにのりを巻くイメージで、白い画用紙に黒い画用紙を貼ります。

貼る

「ぺたん！」と声に出しながら、おにぎりにのりを貼るのを楽しんでいました。

おいしそうにできるかな？

おにぎり・サンドイッチ作り

0歳 1歳 2歳

素材

- 段ボール
- 画用紙
- レースペーパー

レースペーパーにのせて飾ったり、ピクニックごっこに発展させたりしてもよいでしょう。

ハムやトマトなどの具材にみたてられるカラフルな画用紙、パンになる段ボールを用意します。

のりを塗る

好きなパーツを選んでのりを塗ります。画用紙いっぱいにていねいに塗っていました。

貼る

はさむ具材を選ぶのを楽しんで貼っていました。

たまごの次はトマト！

完成！

サンドイッチ、おいしい

作ったサンドイッチやおにぎりを持って「いただきまーす！」。

あめやクッキーを
ひとつずつ切ってね

あそびを通して、はさみの持ち方や扱い方にだんだんと慣れていきましょう。保育者は子どもが一回切りしやすい画用紙を用意し、子どもに自分の手を動かして紙を切る楽しみを味わってもらいます。

切る

ガイドの線に沿っててていねいにはさみを動かしていました。紙片はケースや小皿に入れて集めやすく。

あそびながらはさみに親しむ

お菓子集め

0歳 1歳 2歳

制作／佐藤ゆみこ

自由に一回切りする白い画用紙と、あめやクッキーを描いて、子どもが一回切りをしやすい幅でガイドの線を入れた画用紙を用意します。画用紙はやや硬めのものがよいでしょう。

しまう

保育者が「使い終わったはさみはおうちに帰してあげようね」と声をかけると、次々にはさみをしまっていく子どもたち。

取り出しやすく、しまいやすいはさみの収納箱を用意し、使い終わったらはさみをきちんと片づける習慣を。

切ったものであそぶ

はい、あめどうぞ！

ケースに入れたあめやクッキーでままごとやお店やさんごっこをしてもよいでしょう。

作り方

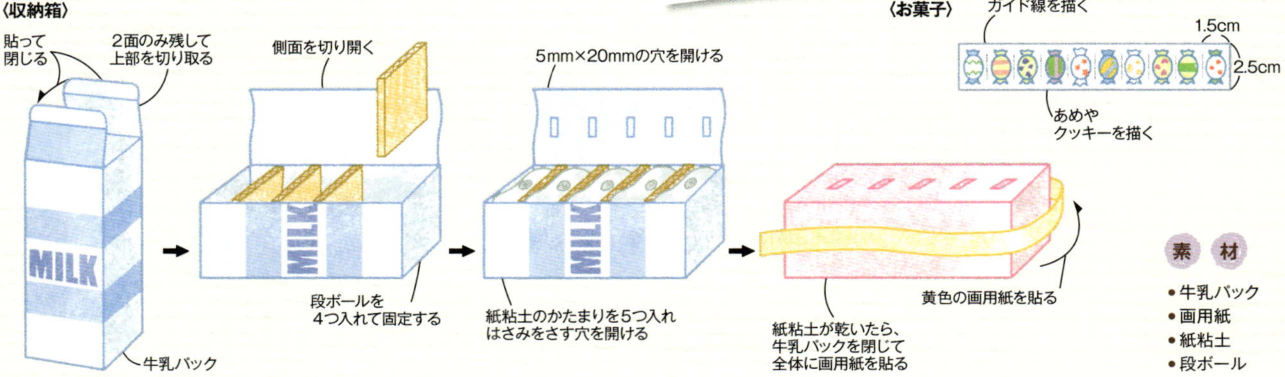
〈収納箱〉
貼って閉じる
2面のみ残して上部を切り取る
牛乳パック
MILK
側面を切り開く
段ボールを4つ入れて固定する
5mm×20mmの穴を開ける
紙粘土のかたまりを5つ入れはさみをさす穴を開ける
紙粘土が乾いたら、牛乳パックを閉じて全体に画用紙を貼る
黄色の画用紙を貼る
〈お菓子〉
ガイド線を描く
1.5cm
2.5cm
あめやクッキーを描く

素材
- 牛乳パック
- 画用紙
- 紙粘土
- 段ボール

いぬのおまわりさん
チューリップ
むすんでひらいて
げんこつやまのたぬきさん
山小屋いっけん
ぞうさん
ぶんぶんぶん
かえるの合唱
きらきらぼし
アイアイ
さんぽ
コブタヌキツネコ
かたつむり
とんぼのめがね

裏面

表はそれぞれの歌の題名がわかるような絵柄に、裏はすべて同じシンプルなデザインにしておきます。

かるたあそび

絵札の表を上にして並べ、保育者が歌いだした歌のカードを探します。

きらきら
ひかる～♪

大好きな歌をゲームで楽しむ

歌かるた

制作／すぎやままさこ

0歳 1歳 2歳

子どもたちの好きな歌を絵札にしたかるた。かるたあそびに使用したり、選んだカードの歌をうたったり、いろいろな楽しみ方ができます。

作り方

8cm
10cm
画用紙を貼った段ボール
角は丸く切る
〈表〉
画用紙を貼る
〈裏〉
画用紙を貼る
ラミネートフィルムで保護する

素材

- 段ボール
- 画用紙
- ラミネートフィルム

コピー型紙
P.191

これはなんの
歌かな？

歌の説明

最初に、絵札と歌の確認をします。

アイ
アイ！

これ！

カードを見つけた子どもはカードの上に手を置きます。慣れてくると一斉に飛びつくことも。いちばん下に手がある子がもらえるなど、ルールを決めるとよいでしょう。

歌あそび

絵札の表を下にして並べたら順番を決めて、好きなカードをめくります。

「コブタヌキツネコ」だよ

カードを見せます。

♪こーぶたー、たーぬきー♪

選んだカードの歌をみんなでいっしょに歌います。

ボトルを振って音当てに挑戦！

しゃかしゃか音当てあそび

制作／studio・ab

0歳 1歳 2歳

「モンテッソーリの雑音筒」にヒントを得たおもちゃです。見た目を同じにしたペットボトルに、音の出るものをそれぞれ入れて、音当てあそびをします。同じ音のするものを２つずつ用意して、仲間探しを楽しみましょう。

音を出す

振って音を確かめます。

中身が出ないよう、ふたをしっかりとめます。

中身が見えないよう全部を覆います。

同じ音を発見したり、それぞれお気に入りの音を探したり。マラカスあそびもできます。

素材

- 200mℓのペットボトル
- 布
- リボン
- 丸シール
- 幅広の透明テープ
- 小石、あずき、砂、葉っぱ、クリップ　など

作り方

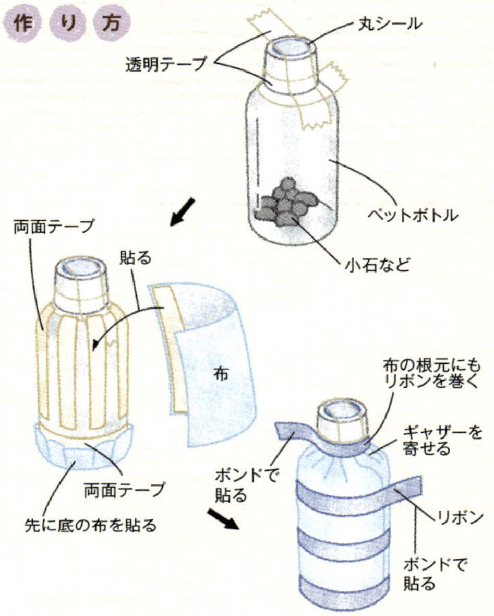
丸シール
透明テープ
ペットボトル
小石など
両面テープ
貼る
布
両面テープ
先に底の布を貼る
ボンドで貼る
布の根元にもリボンを巻く
ギャザーを寄せる
リボン
ボンドで貼る

音当て

この2つ同じ音だ！

思いきりたたける満足感と、みんなでいっしょにたたく一体感がうれしい！

思いっきりたたける

竹の楽器1

制作／ studio・ab

0歳 1歳 2歳

竹に土台をつけて、思いきりたたくことができる楽器にしました。ラップ芯のばちでたたいて、ばちから手に伝わってくる振動を味わったり、音を楽しんだりできます。

トイレットペーパー芯に綿ロープをしっかり巻くと、押してもつぶれないくらいじょうぶになります。

ばちは、ラップ芯やファックス用紙の芯など硬いもので。

素材

- 竹
- トイレットペーパー芯
- 綿ロープ
- 工作用紙
- 板
- ビニールテープ
- 片段ボール
- ラップ芯やファックス用紙の芯

作り方

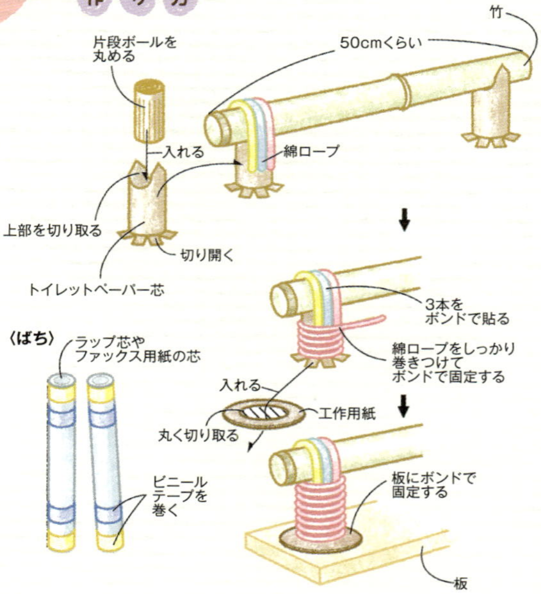

竹
50cmくらい
片段ボールを丸める
入れる
綿ロープ
上部を切り取る
切り開く
トイレットペーパー芯
3本をボンドで貼る
綿ロープをしっかり巻きつけてボンドで固定する
入れる
工作用紙
丸く切り取る
〈ばち〉
ラップ芯やファックス用紙の芯
ビニールテープを巻く
板にボンドで固定する
板

音が変わる竹の打楽器

竹の楽器2

制作／佐藤ゆみこ

0歳 1歳 2歳

音を楽しむ

「おもちゃのチャチャチャ」を歌いながら、保育者がたたくのをまねして音が出るのを楽しみます。

木琴のような竹の楽器。竹の太さや長さで音階がつくれます。

竹を木琴のように並べた楽器。長さを変えればそれぞれ異なる音になります。

素材

- 竹
- 段ボール
- 布ガムテープ
- 麻ひも
- 丸棒

ばちには丸棒を使います。

作り方

〈ばち〉

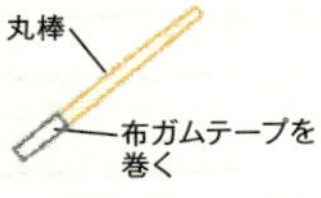
丸棒
布ガムテープを巻く

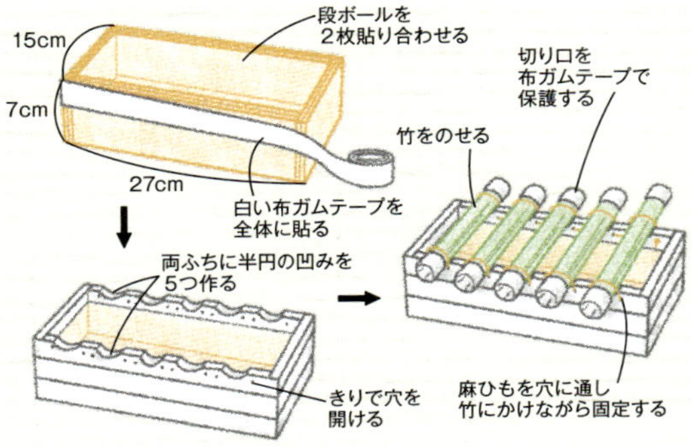
15cm
7cm
27cm
段ボールを2枚貼り合わせる
白い布ガムテープを全体に貼る
両ふちに半円の凹みを5つ作る
きりで穴を開ける
竹をのせる
切り口を布ガムテープで保護する
麻ひもを穴に通し竹にかけながら固定する

ミルク缶を2つつなげて太鼓に
ミルク缶太鼓
0歳 1歳 2歳

ミルクの空き缶を使用した太鼓。首から下げられるひもをつけ、歩きながらたたいてもよいでしょう。

ポンポン♪

たたく
缶が2つあるので、友だちとばちを1本ずつ持ってたたく姿が見られました。

底を上にしたミルク缶を2つ並べて太鼓に。

首から下げられるひもをつけたタイプ。

首からひもで下げた太鼓を歩きながら鳴らします。

先端に布のクッションをつけたばち

素材
- ミルク缶
- 布
- 綿ロープ
- 丸棒
- ビニールテープ

〈ばち〉
- ハギレを丸めたものを布でくるむ
- ビニールテープを巻いて固定する
- 割りばし

作り方
布を側面に貼る

2つのミルク缶を貼り合わせ綿ロープで固定する

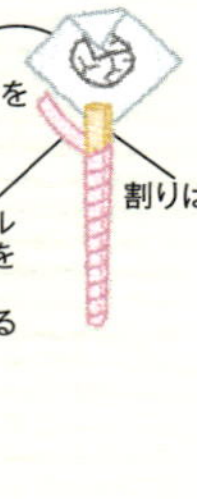

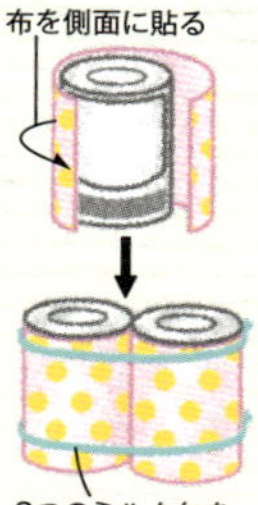

たたくといろいろな音がする

打楽器

制作／佐藤ゆみこ

0歳 1歳 2歳

竹や空き缶を使った楽器。ばちや手でたたいて、音が出るのを楽しみます。「大きなたいこ」に合わせてたたいても楽しい！

素材

- ミルク缶
- 布
- のりやお茶の缶
- 段ボール
- 画用紙
- 竹
- 麻ひも

高さの違う空き缶と竹を組み合わせています。いろいろな音が楽しめます。

作り方

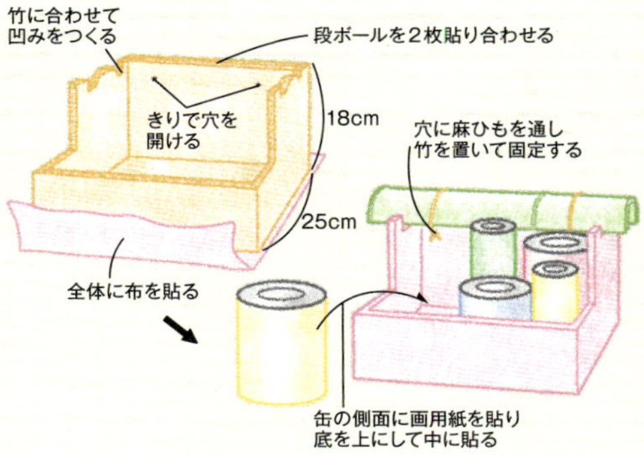
竹に合わせて凹みをつくる
段ボールを2枚貼り合わせる
きりで穴を開ける
18cm
25cm
全体に布を貼る
穴に麻ひもを通し竹を置いて固定する
缶の側面に画用紙を貼り底を上にして中に貼る

おおきなたいこ
ど～んどん♪

♪ 大きなたいこ　作詞／小林純一　作曲／中田喜直

おおきなたいこ　どん どん　ちいさなたいこ　とんとんとん
おおきなたいこ　ちいさなたいこ　どん どん　とんとんとん

歌に合わせてたたく

保育者の歌う「大きなたいこ」に合わせて、缶や竹の音を確かめるようにたたきます。

リズムにのってふりふり♪

マラカスと鈴の人形

制作／studio・ab

0歳 1歳 2歳

手作りのカラフルなマラカスと鈴の人形。好きな歌やピアノの伴奏に合わせて自由に振りましょう。

シャカ
シャカ
音がする！

中身が見えるので、目と耳で演奏を楽しめます。

ペットボトルの中に、ビーズやどんぐりを入れたマラカス。

中央の丸棒を握って鳴らすと、人形の洋服についた鈴が鳴ります。

素材

〈鈴の人形〉
- スチロール球
- 毛糸
- ハンカチ
- 鈴
- 丸棒
- フェルト

〈マラカス〉
- ペットボトル（200㎖／500㎖）
- ビーズ
- どんぐり
- ビニールテープ
- 強力接着剤

作り方

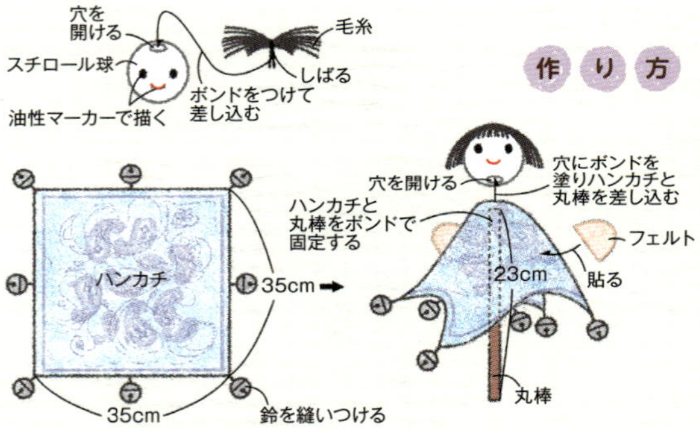
穴を開ける
スチロール球
油性マーカーで描く
ボンドをつけて差し込む
毛糸
しばる
ハンカチ
35cm
35cm
鈴を縫いつける
穴を開ける
ハンカチと丸棒をボンドで固定する
穴にボンドを塗りハンカチと丸棒を差し込む
フェルト
貼る
23cm
丸棒

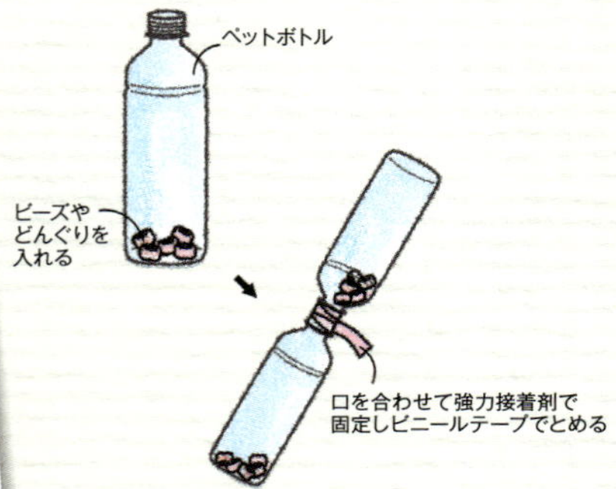
ペットボトル
ビーズやどんぐりを入れる
口を合わせて強力接着剤で固定しビニールテープでとめる

合奏をする

全員でいろいろな楽器を持って、好きな歌に合わせて音を出すのを楽しみましょう。

すぐに かわいく つくれる コピー用型紙集

コピー型紙 P.000 このマークがついている製作物の型紙です。
用途に合わせて自由にコピーをしてご利用ください。

山折り ―・―・― 谷折り - - - - - -
切り込み ・・・・・・・・ のりしろ ////

P.16～17 指さしボックス

花

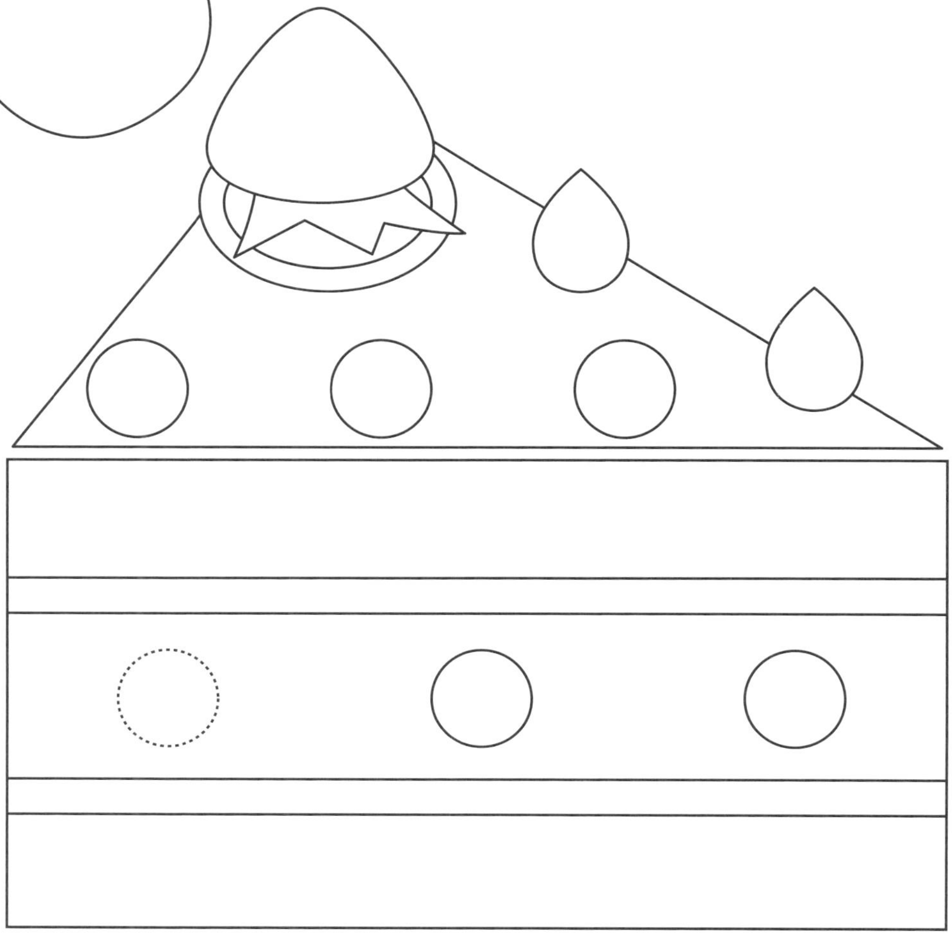

ケーキ

●コピー型紙をご利用になる際には、このメッセージが見えるようにしっかり開くと、きれいにコピーをすることができます。

P.20～21　むしむしポットン

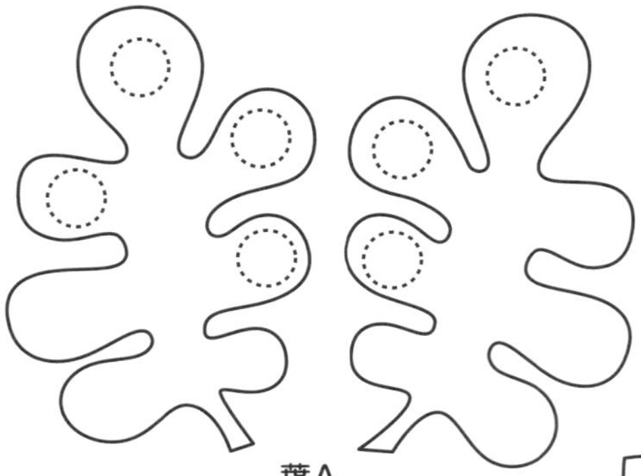
葉A

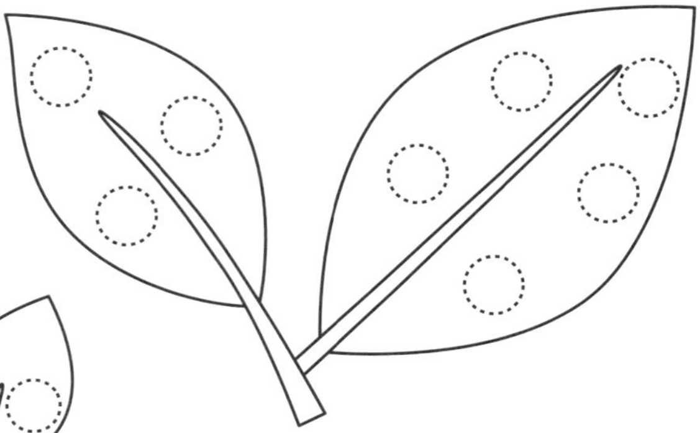
葉B

葉D

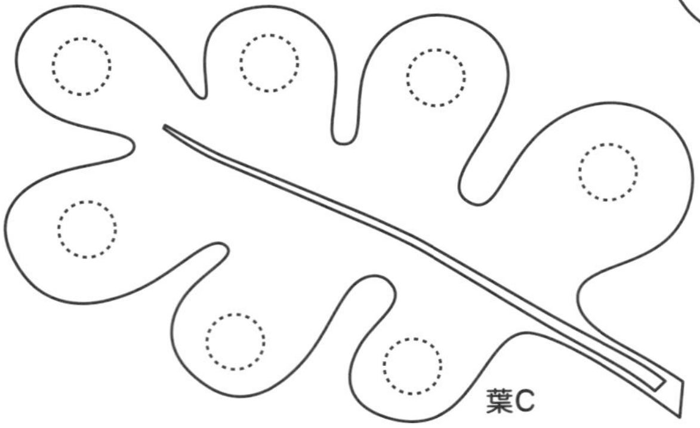
葉C

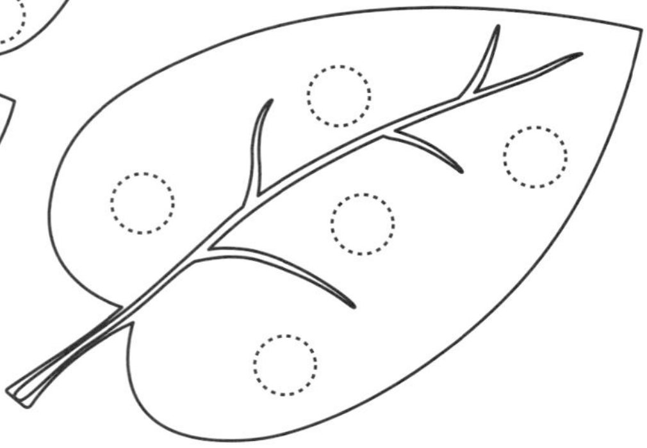
葉E

P.31　引っぱりチェーンリング

木

さるA

さるB

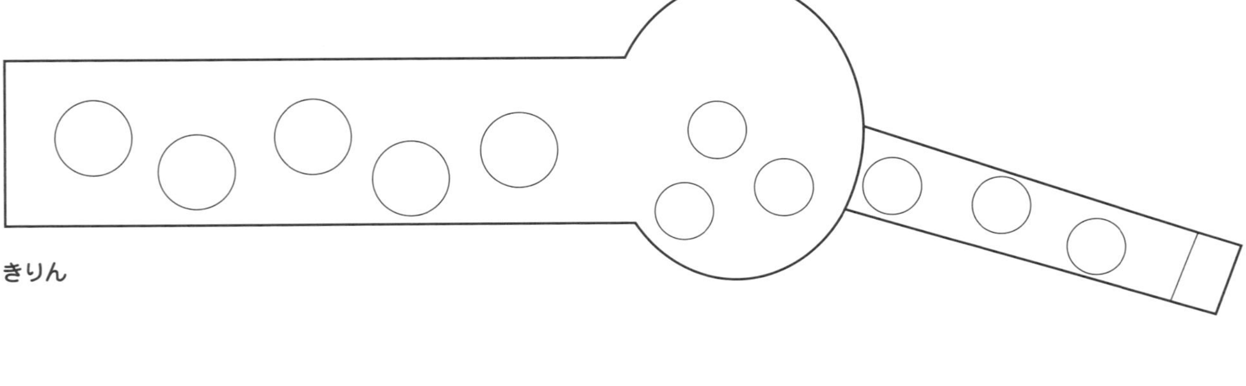
きりん

●コピー型紙をご利用になる際には、このメッセージが見えるようにしっかり開くと、きれいにコピーをすることができます。

P.33　ティッシュボックスの引っぱり布あそび

ぶた

うさぎ

おに

ぞう

くま

きつね

P.36～37　ドキドキ宝箱

おばけ

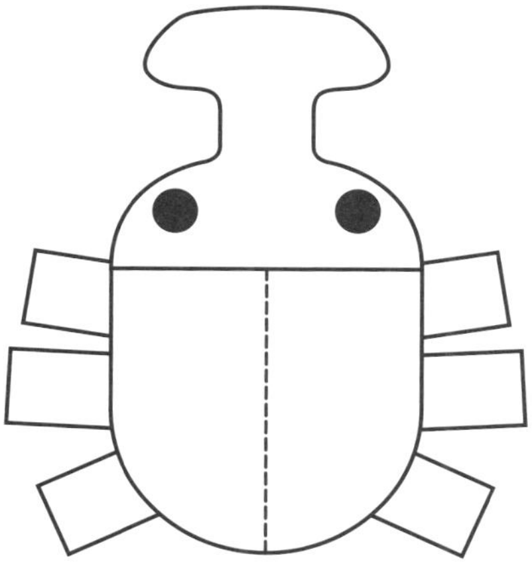
かぶとむし

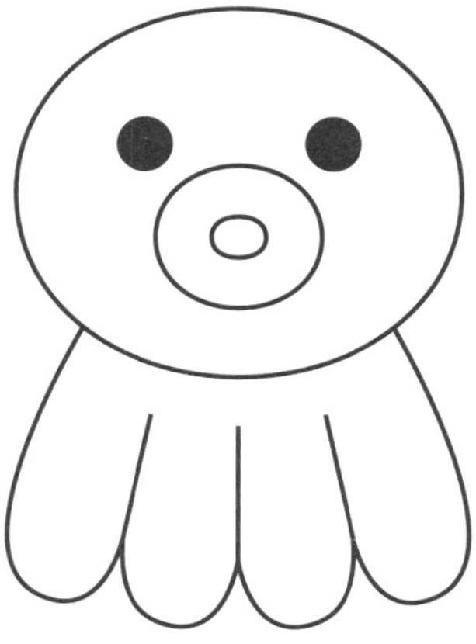
たこ

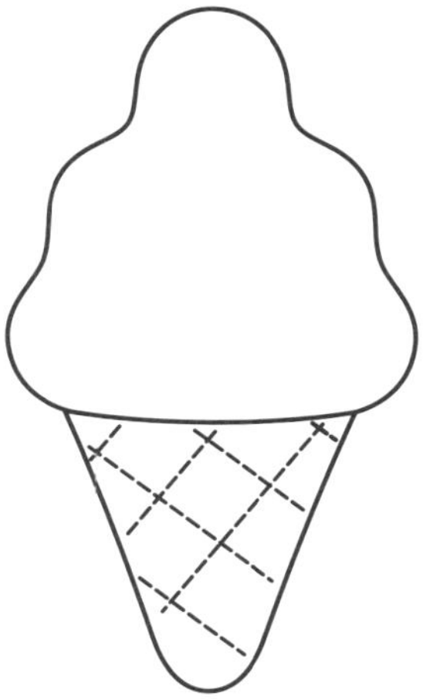
ソフトクリーム

●コピー型紙をご利用になる際には、このメッセージが見えるようにしっかり開くと、きれいにコピーをすることができます。

P.42〜43　ツリータペストリー

※木は、400%に拡大すると、ほかとのバランスがとれます。

とり

りす

りんご

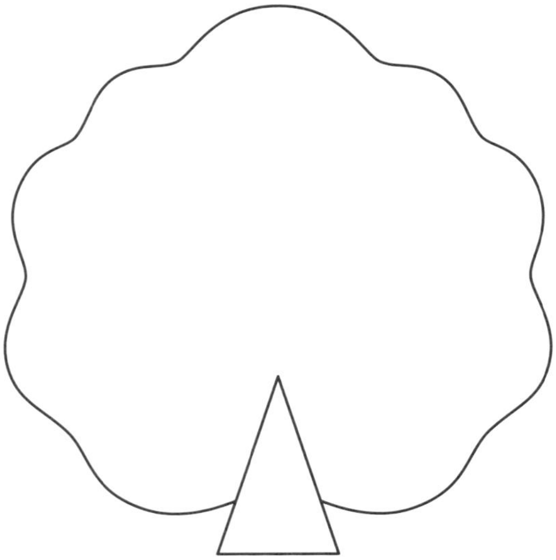

木

P.46〜47　いたずらマット２

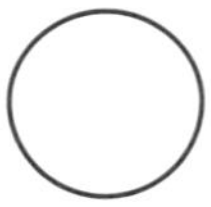

ボール

ぞう

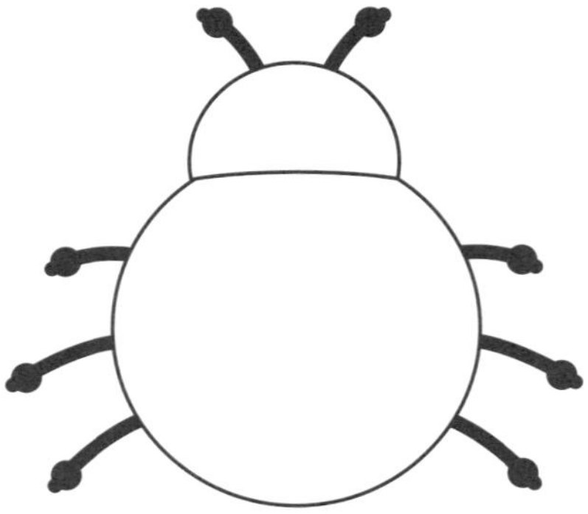

てんとうむし

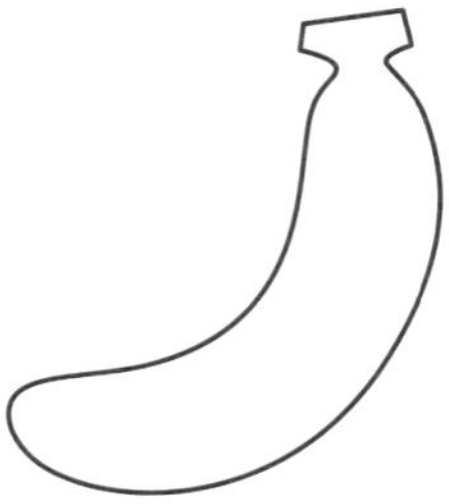

バナナ

りんご

●コピー型紙をご利用になる際には、このメッセージが見えるようにしっかり開くと、きれいにコピーをすることができます。

●コピー型紙をご利用になる際には、このメッセージが見えるようにしっかり開くと、きれいにコピーをすることができます。

P.50〜51　ビニールテープのはがし絵

さる

くま

P.55　糸巻きあそび2

星

P.56〜57　宝物いっぱいかぎ箱

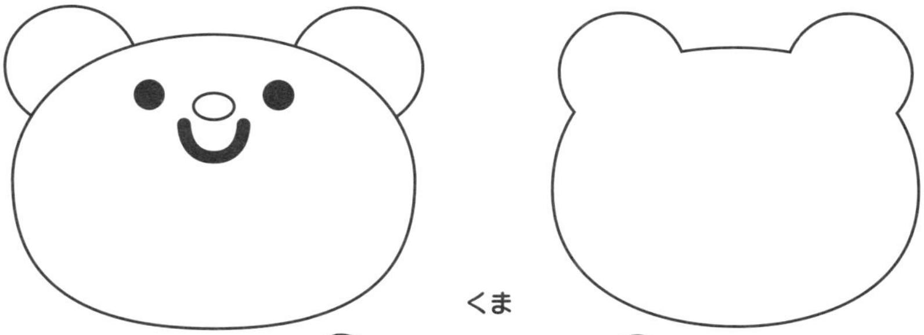

くま

いもむし

ねこ

星

ハート

ぞう

うさぎ

花

P.58　おくちにポン

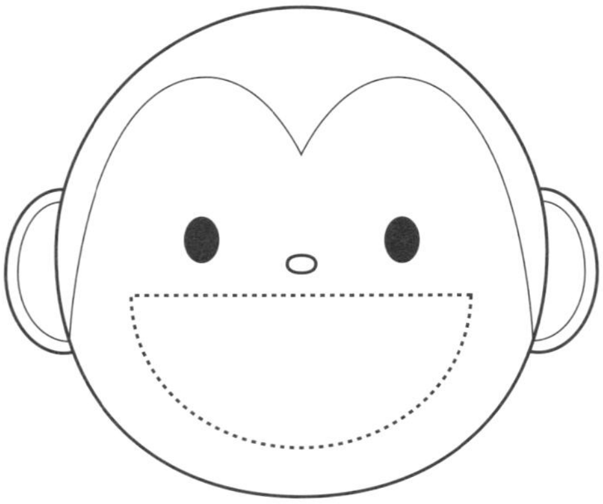

さる

うさぎ

くま

P.66～67　たまごのあかちゃん出ておいで

ボード

●コピー型紙をご利用になる際には、このメッセージが見えるようにしっかり開くと、きれいにコピーをすることができます。

P.70～71　いたずらボックス

いぬ

うさぎ

こいのぼり

きつね

おばけ

うさぎ

P.72～73　しゃもじの引き抜きあそび

りんご

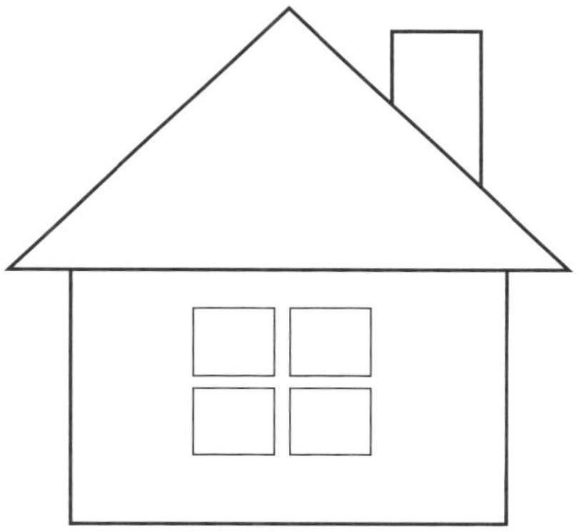

家

花

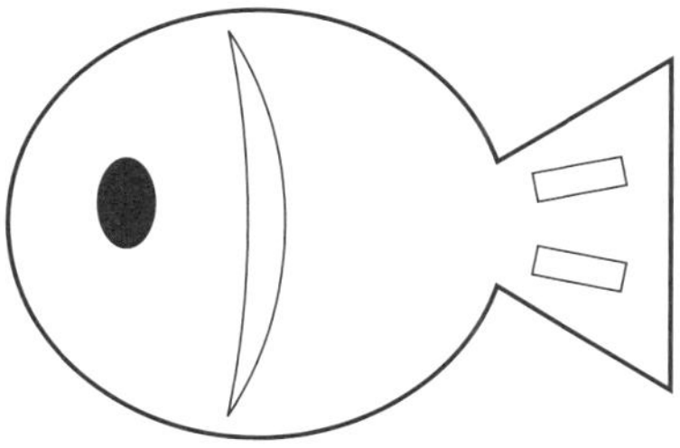

さかな

とり

●コピー型紙をご利用になる際には、このメッセージが見えるようにしっかり開くと、きれいにコピーをすることができます。

P.74～75　動物パズル

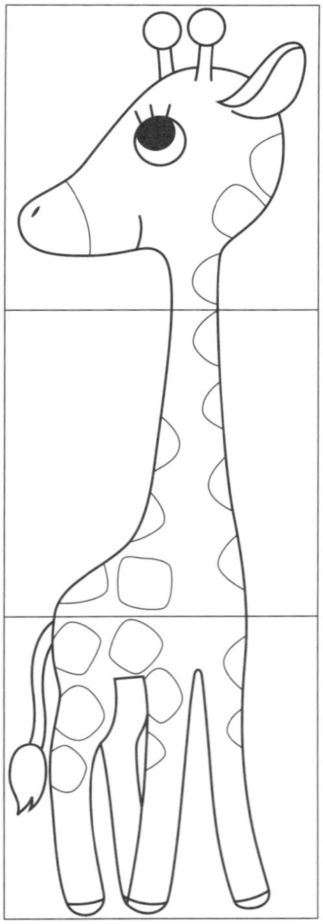

きりん

ぶた

うさぎ

ぞう

パンダ

わに

●コピー型紙をご利用になる際には、このメッセージが見えるようにしっかり開くと、きれいにコピーをすることができます。

P.94〜95　つかまり立ちテーブル

●コピー型紙をご利用になる際には、このメッセージが見えるようにしっかり開くと、きれいにコピーをすることができます。

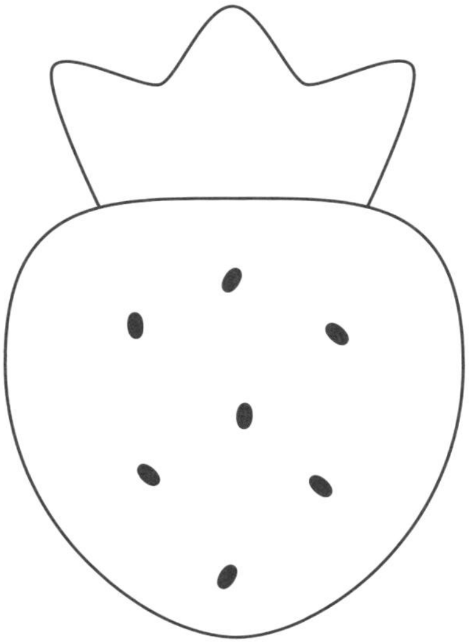

いちご

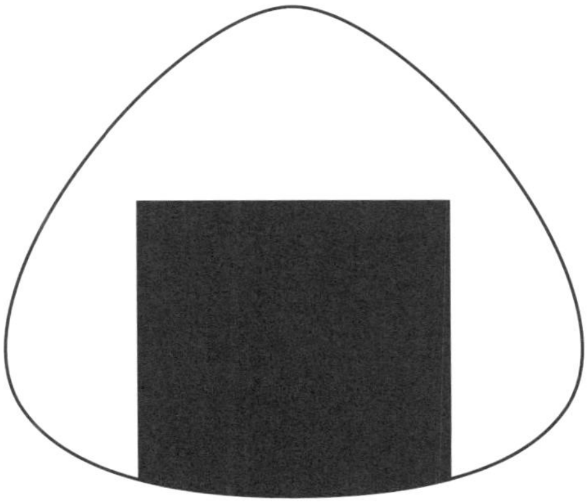

おにぎり

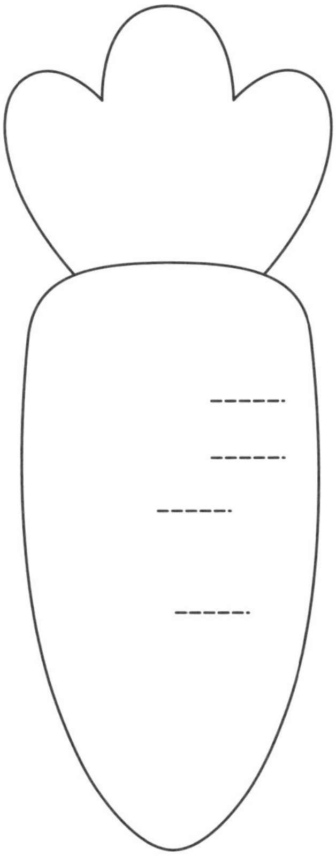

にんじん

ねこ

うさぎ

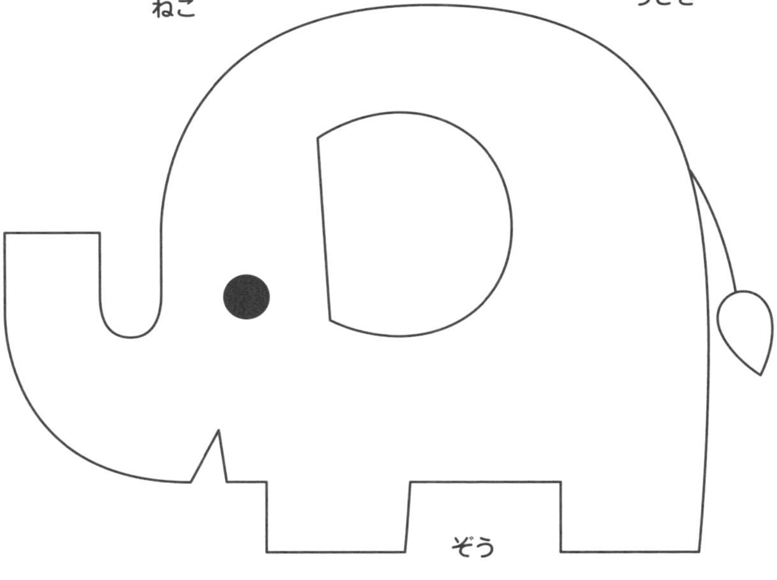

ぞう

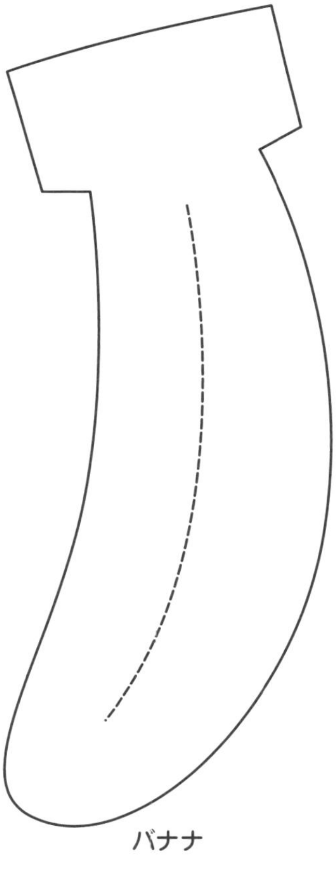

バナナ

P.106～107　コロコロ積み木

パンダ

くま

たぬき

いぬ

うさぎ

ねずみ

ねこ

さる

きつね

かえる

P.120～121　のせてのせて

バスの窓

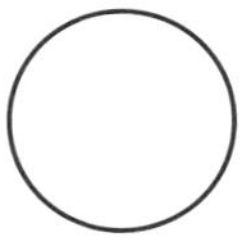
ライト

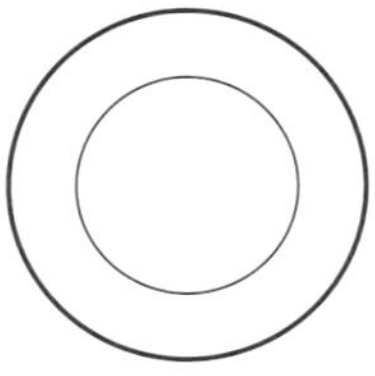
タイヤ

●コピー型紙をご利用になる際には、このメッセージが見えるようにしっかり開くと、きれいにコピーをすることができます。

P.130～131　乗り物あそび

車の前面

花

星

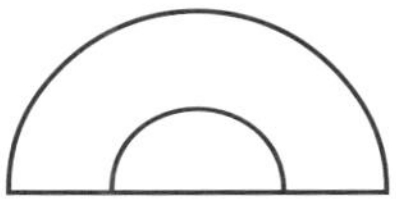

タイヤ

P.132～133　消防士さんごっこ

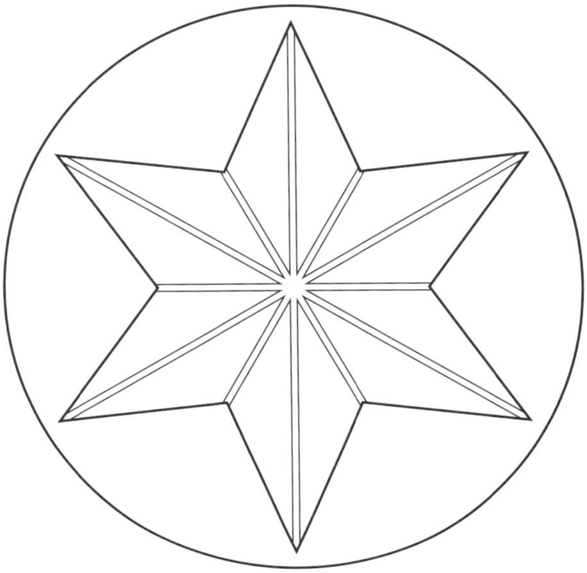

マーク

P.140　紙皿おはなし

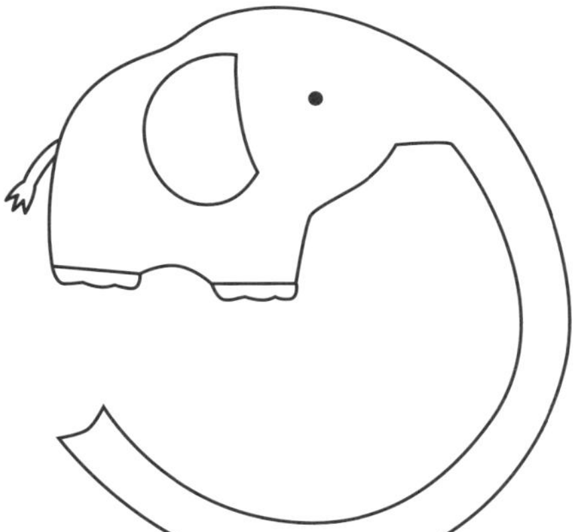

ぞう

りんご

あおむし

ちょうちょう

ひよこ

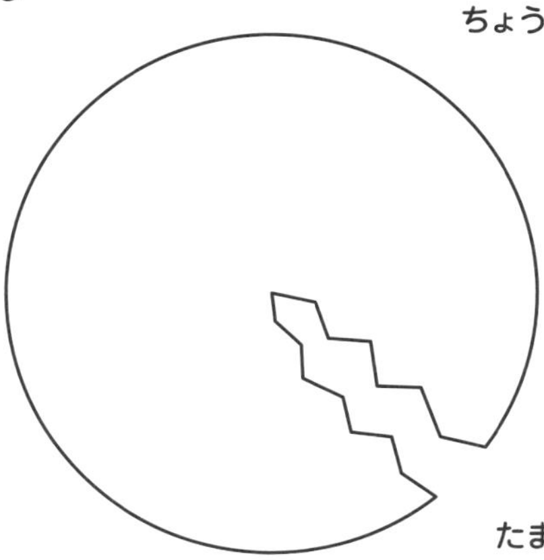

たまご

●コピー型紙をご利用になる際には、このメッセージが見えるようにしっかり開くと、きれいにコピーをすることができます。

P.141　変身マジック

にわとり

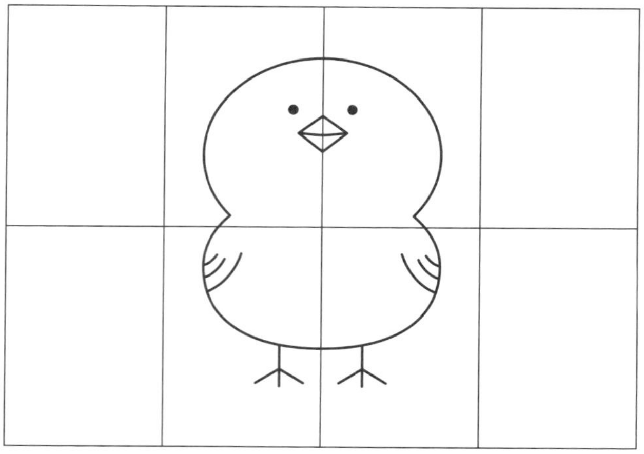

ひよこ

ちょうちょう

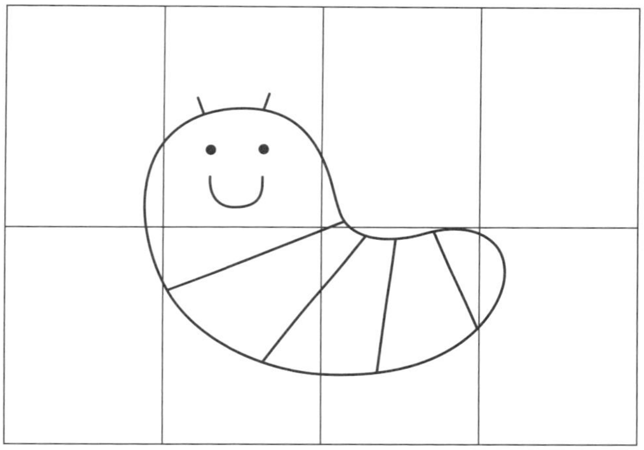

あおむし

P.148〜149　かばさんクリップ

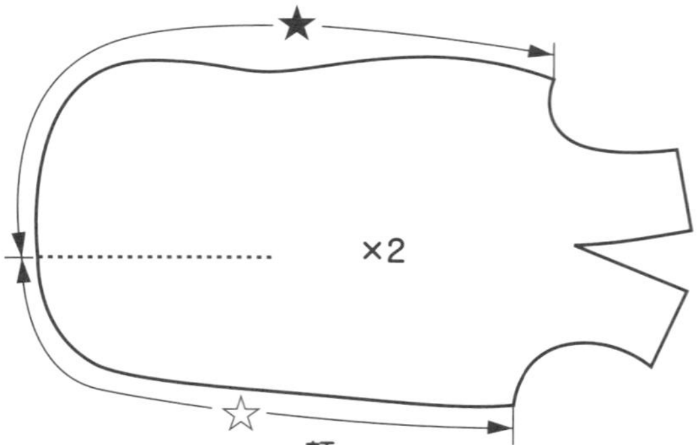

顔

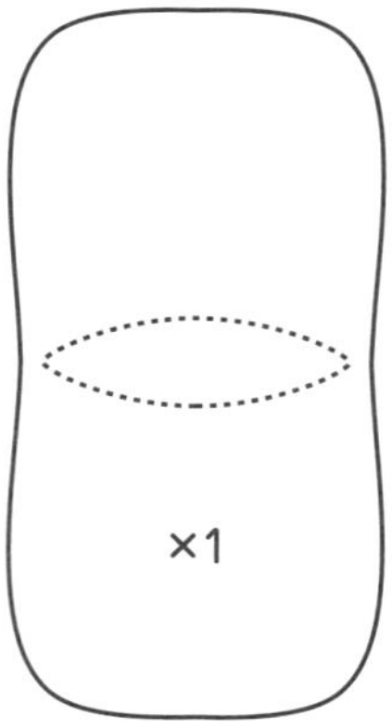

口

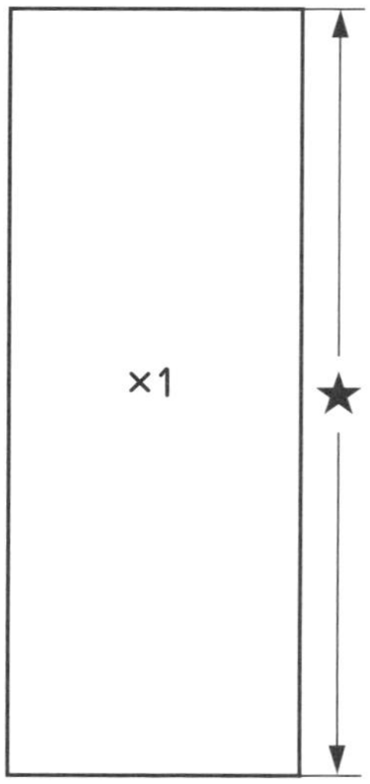

マチA

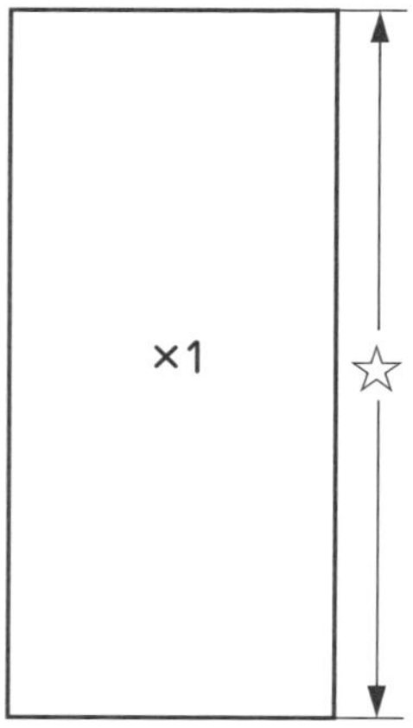

マチB

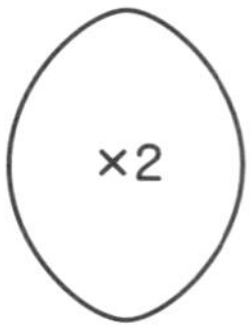

耳

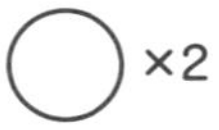

目

鼻

歯

●コピー型紙をご利用になる際には、このメッセージが見えるようにしっかり開くと、きれいにコピーをすることができます。

P.150～151　ブラブラ人形

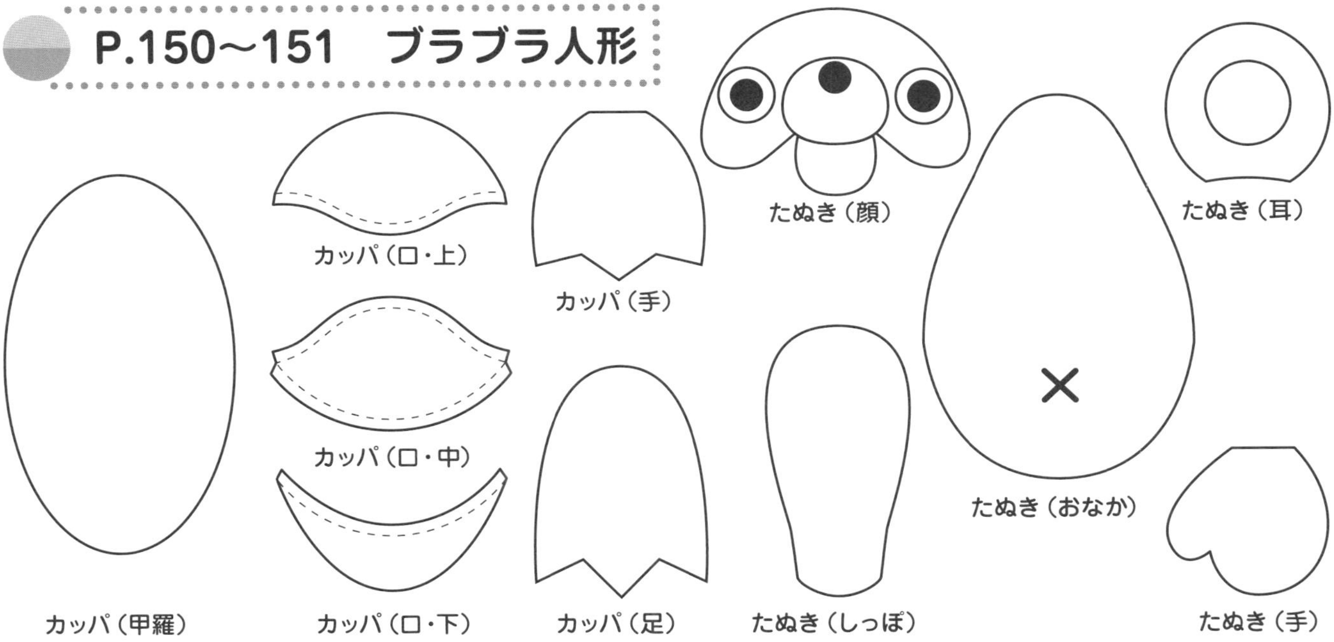
たぬき（顔）
たぬき（耳）
カッパ（口・上）
カッパ（手）
カッパ（口・中）
たぬき（おなか）
カッパ（甲羅）
カッパ（口・下）
カッパ（足）
たぬき（しっぽ）
たぬき（手）

P.152～153　しゅっぽーつ！　ボタン電車

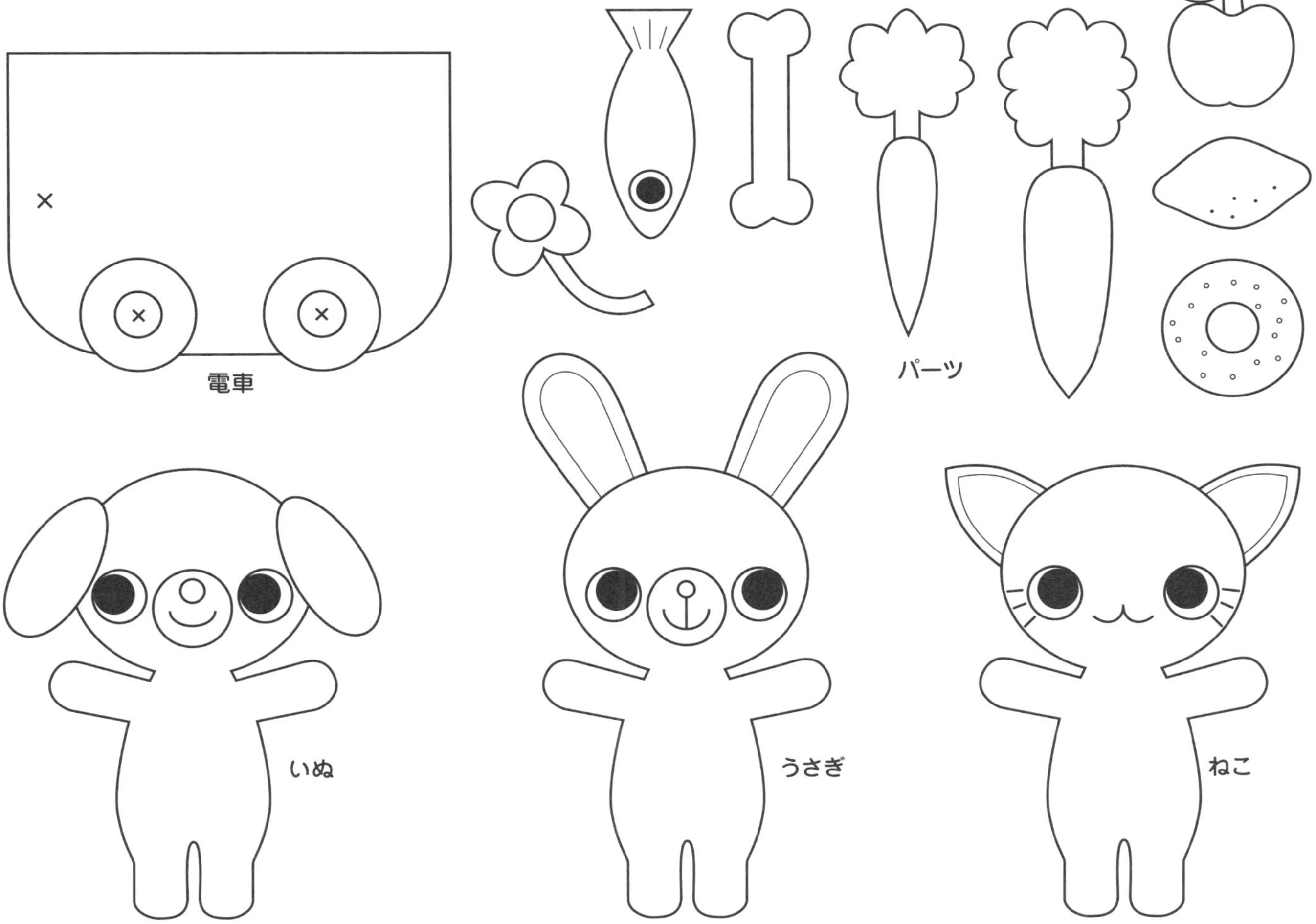
電車
パーツ
いぬ
うさぎ
ねこ

●コピー型紙をご利用になる際には、このメッセージが見えるようにしっかり開くと、きれいにコピーをすることができます。

P.154〜155　泣き笑いペープサート

ハート

星

おかあさん・表

おかあさん・裏

おねえさん・表

おねえさん・裏

おとうさん・表

おとうさん・裏

ぼく・表

ぼく・裏

おばあさん・表

おばあさん・裏

あかちゃん・表

あかちゃん・裏

P.158〜159　だれが出てくるかな?

おばけ

花

きょうりゅう

うさぎ

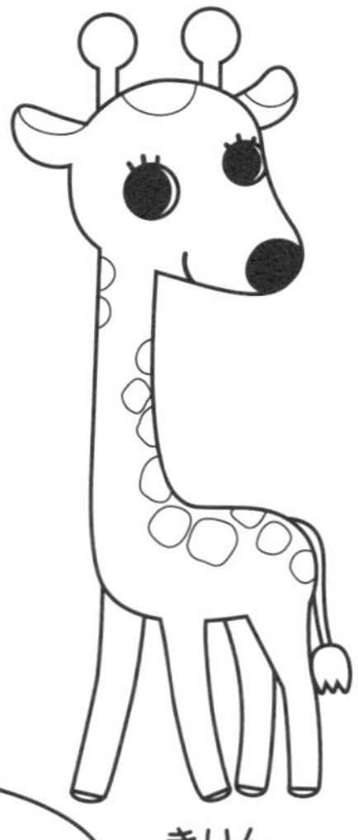
きりん

サンタ

さる

ぞう

●コピー型紙をご利用になる際には、このメッセージが見えるようにしっかり開くと、きれいにコピーをすることができます。

P.168～169　歌かるた

●コピー型紙をご利用になる際には、このメッセージが見えるようにしっかり開くと、きれいにコピーをすることができます。

いぬのおまわりさん

チューリップ

むすんでひらいて

げんこつやまのたぬきさん

山小屋いっけん

ぞうさん

ぶんぶんぶん

かえるの合唱

きらきらぼし

アイアイ

さんぽ

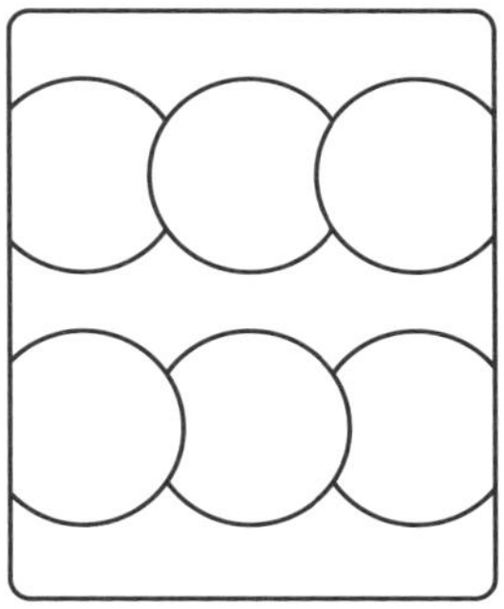

裏面

コブタヌキツネコ

かたつむり

とんぼのめがね

監修

今井和子

二十数年間、世田谷と川崎の公立保育園で保育士として勤務。その後、お茶の水女子大学などの非常勤講師を経て東京成徳大学、立教女学院短期大学教授を務め、現在「子どもとことば研究会」代表。全国の保育者研修で講演などを行っている。

表紙デザイン／周 玉慧
本文デザイン／周 玉慧　鈴木トモエ　ニシ工芸
作り方イラスト／（資）イラストメーカーズ
撮影協力／深大寺保育園・砧南らる保育園・保育園ドルチェ（東京都）
かわなかじま保育園（神奈川県）
取材協力／神山保育園・なにわ保育園（福井県）
撮影／青木宏興　大畑俊男　後藤究　吉岡靖晃
　　　世界文化ホールディングス
校正／株式会社円水社
DTP ／株式会社明昌堂
編集協力／牛越さやか
企画編集／飯塚友紀子

※本書はPriPri2009年4月号～2013年3月号までの記事を再編集したものです。
※本書の作品は、使い方によっては思わぬ事故の原因になってしまう
可能性もあります。おもちゃを制作・使用する際には安全に注意し、
必ず保育者やおとなのもとであそぶようにしてください。

PriPri プリたんBooks

0 1 2 歳児の 手作りおもちゃ

アイデアいっぱい！ 85プラン

発行日　2015年4月10日　初版第1刷発行
　　　　2022年9月10日　　第9刷発行
監修　今井和子
発行者　大村 牧
発行　株式会社世界文化ワンダークリエイト
発行・発売　株式会社世界文化社
〒102−8192　東京都千代田区九段北4−2−29
電話番号　03-3262-5474（編集部）
　　　　　03-3262-5115（販売部）
印刷・製本　図書印刷株式会社

ISBN 978-4-418-15805-8
JASRAC 出 1502950-209